¡Ssssssh̶h̶h̶h̶h̶h̶h̶h̶h̶h̶!

Haz del teatro algo íntimo

Llévalo siempre en el bolsillo

Cubierta y diseño editorial: Éride, Diseño Gráfico
Dirección editorial: ángel jiménez

Primera edición: abril, 2024

La regenta
© Eduardo Galán
© VdB®, 2024
Espronceda, 5
28003 Madrid

VdB®

ISBN: 978-84-19850-47-8
Depósito Legal: M-8687-2024
Diseño y preimpresión: Éride, Diseño Gráfico

 Este libro protege el entorno

la regenta

Eduardo Galán

Autor teatral, guionista, novelista, profesor de Lengua y Literatura, ensayista y conferenciante habitual. Ha publicado numerosos estudios literarios y varias ediciones críticas de obras de la literatura española. Sus obras teatrales se han representado en numerosos países extranjeros.

De 1993 a 1996 fue presidente de ASSITEJ, (Asociación Española de Teatro Infantil y Juvenil). Entre 1996-2000 ocupó el cargo de Subdirector General de Teatro del INAEM (Ministerio de Cultura). En 2004 fundó Secuencia 3 Artes y Comunicación. Actualmente forma parte de las Juntas Directivas de SGAE, de la Academia de la Artes Escénicas y de la Asociación de Productores y Teatros de Madrid (APTEM), de la que es secretario general.

Entre sus obras más representadas, sobresalen *Nerón*, *La curva de la felicidad*, *Los diablillos rojos*, *Hombres de 40*, *Historia de 2*, *Maniobras*, *Felices 30*, *La mujer que se parecía a Marilyn*, *Esperando a Diana*, *Tres hombres y un destino*, *La posada del arenal*, *Blablacoche*. Su último estreno es *La regenta*.

Ha realizado numerosas adaptaciones de obras clásicas, todas ellas representadas: *Un marido ideal*, de Wilde; *Tristana*, de Peréz Galdós; *El zoo de cristal*, de Tennessee Williams; *Anfitrión*, de Plauto; *La Celestina*, de Fernando de Rojas; *Los Pazos de Ulloa*, de Emilia Pardo Bazán; *El Galán Fantasma*, de Calderón de la Barca; *El fantasma de la ópera*, de Lloyd Weber; *La dama duende*, de Calderón de la Barca y también adaptaciones de cuentos clásicos para niños, como *La Cenicienta*, de Charles Perrault.

Como novelista sobresalen *La pasión de Alma* y la novela para niños *SOS Salvad al ratoncito Pérez*.

Eduardo Galán

la regenta

(Adaptación teatral de la obra original
de Leopoldo Alas «Clarín»)

Esta función se estrenó en el la Sala Guirau del Teatro Fernán Gómez
Centro Cultural de la Villa, de Madrid
el 4 de febrero de 2024, interpretada por Ana Ruiz (ANA OZORES),
Joaquín Notario (DON VÍCTOR QUINTANAR), Pepa Pedroche (DOÑA PAULA),
Alex Gadea (DON FERMÍN), Francesc Galcerán (DON CAYETANO / FRÍGILIS),
Alejandro Arestegui (VEGALLANA), Lucía Serrano (VISITA / PETRA)
y Jacobo Dicenta (DON ÁLVARO MESÍA).

Dirección: Helena Pimenta.

Personajes
(Por orden de intervención)

ANA OZORES, (la Regenta). Entre 27/33 años. Necesariamente muy atractiva y joven. «Es la mujer más hermosa de Vetusta».

DON VÍCTOR QUINTANAR, (marido de Ana Ozores). 65 años. Jubilado. Ex Regente de la Audiencia de Vetusta.

DOÑA PAULA, (madre de don Fermín. Dura y ambiciosa. Domina a su hijo). Entre 60/70 años.

DON FERMÍN, (el magistral de la catedral de Vetusta. Atractivo y fuerte. Codicia el poder). Entre 35/45 años.

DON CAYETANO, (arcipreste de la catedral). 65 Años.

FRÍGILIS, (el mejor amigo de Víctor Quintanar). 65 Años.

VEGALLANA, (marqués frívolo, casado con Visita). De unos 60 años o menos, 40 tal vez, si le interpretara un solo actor.

VISITA, (amiga de Ana Ozores, frívola y casada con el marqués de Vegallana). Unos 30/35 años.

PETRA, (la criada de la Regenta, sensual). Unos 30/35 años.

DON ÁLVARO MESÍA, (un don Juan cuarentón y atractivo). 40/45 Años.

Escena 1

NARRADOR/(DON VÍCTOR QUINTANAR)

La heroica ciudad dormía la siesta. El viento sur, caliente y perezoso, empujaba las nubes blanquecinas que se rasgaban al correr hacia el norte. Empezaba el otoño. Vetusta, la muy noble y leal ciudad, hacía la digestión del cocido y de la olla podrida al son de la monótona campana, (Entra DON FERMÍN.) mientras DON FERMÍN de Pas, el magistral de la catedral, vigilaba desde la torre.

Uno de sus recreos solitarios consistía en subir a las alturas. Era montañés y por instinto buscaba las cumbres de los montes y los campanarios de las iglesias. Desde la torre de la catedral escudriñaba los rincones de la ciudad y levantaba con la imaginación los techos. La conocía palmo a palmo, por dentro y por fuera, por el alma y por el cuerpo. Vetusta era su pasión y su presa, una presa que le disputaban pero que acabaría por devorar él solo. Él era el amo del amo. Tenía al obispo en su garra.

Cansado de mirar o no pudiendo ver lo que buscaba allá, hacia el palacio de ANA Ozores (Entra ANA.) a donde constantemente volvía su mirada, bajó de la torre…

Entra ARCIPRESTE. *En escena* DON FERMÍN,
ANA *Ozores* y NARRADOR

ARCIPRESTE   Don Fermín, usted es el único que podrá entenderse con Ana Ozores, esta querida
hija mía, que me va a volverme loco si con-
tinúa contándome sus aprensiones morales.
Soy viejo ya para esos trotes. No la entiendo
siquiera. Le pregunto si se acusa de alguna
falta y dice que eso no. ¿Pues entonces?, y
sin embargo, dale que dale. Ella, en cuanto le indiqué la conveniencia de confesar
con usted, aceptó, comprendiendo que yo
no daba más de mí. No doy, no. Yo entiendo la religión y la moral a mi manera; una manera muy sencilla... muy sencilla... Me parece que la piedad no es un
rompecabezas... En suma, Anita es un
poco romántica.

DON FERMÍN   Yo he oído decir que es una santa.

ARCIPRESTE   Claro, eso no quita que sea una santa; pero
quiere traer a la religión el romanticismo,
y yo no me encuentro con fuerzas para li-
brarla de ese peligro pero a usted le será fá-
cil. Ella ha visto visiones... pseudo-místicas...
allá en Loreto... al hacerse mujercita, cuando tuvo aquella fiebre y fuimos a buscarla
su tía doña Anuncia y yo. Por cierto, las her-
manas de su padre fueron muy caritativas.
La trajeron a vivir con ellas cuando él murió,

la cuidaron como a una hija y la casaron muy bien, eso sí, con un hombre mucho mayor que ella; don Víctor de Quintanar entonces regente de la Audiencia. Un buen hombre, al que ella admiraba y quería a su manera.

DON FERMÍN   ¿Y es feliz en su matrimonio?

ARCIPRESTE   Lo que se dice feliz... Ah, también se hizo literata... En fin, usted verá. No es una señora como estas de por aquí. Tiene mucho tesón; parece una malva, pero otra le queda; quiero decir, que se somete a todo, pero por dentro siempre protesta. Don Víctor es como dios la hizo. No entiende de estos perfiles; hace lo que yo. Y como no hemos de buscarle un amante para que desahogue con él, lo mejor será que ustedes se entiendan. ¿La acogerá entonces como su hija espiritual?

DON FERMÍN   Viniendo de usted, don Cayetano, será un honor.

(*Sale* ARCIPRESTE.)

NARRADOR/(DON VÍCTOR QUINTANAR)
El magistral conocía una especie de Vetusta subterránea, era la ciudad oculta de las conciencias sobre todo de las que podían servirle para algo porque confesaba a quien quería y cuando quería. La Regenta se le presentaba ahora como un tesoro descubierto

en su propia heredad. Era suyo, bien suyo ¿quién osaría disputárselo?

ANA   (*Al público.*) ¡Mañana confesión general! Conviene al mudar de confesor. Fue lo que me dijo esta tarde don Fermín, el magistral. ¡Confesión general! Eso significa repasar la historia de toda mi vida». (*Se inicia el recuerdo.*) Yo no he conocido a mi madre. Murió en el parto de mi nacimiento. Tal vez de esta desgracia nacen mis mayores pecados. Ni madre ni hijos.

NARRADORA/(DOÑA PAULA)

Cuando tenía cuatro años el aya inglesa con la que vivía, la obligaba a acostarse todas las noches antes de tener sueño. Apagaba la luz y se iba. Anita lloraba ¡Qué injusticia, acostarla sin sueño, sin cuentos, sin caricias, sin luz! Pero en la imaginación de Ana Ozores vivía su mamá que le cantaba canciones apretándola contra su pecho. Sin saber cómo, en ese momento le vino a la cabeza la imagen de don Álvaro Mesía, el presidente del casino.

ANA   ¡Vaya una manera de hacer examen de conciencia!

NARRADORA/(DOÑA PAULA)

El aya inglesa le decía que tenía un papá que la quería mucho y era el que mandaba vestidos, dinero y todo, pero que no podía venir a casa porque estaba matando moros. De repente se acordó de aquel gran pecado que, según dijeron todos, había cometido porque pasó la noche dentro de la barca de Trébol con aquel Germán, su amigo...cuando tenía diez años. ¡Infames! Sólo querían viajar a la tierra del moro a buscar a su papá pero la barca encalló. Desde entonces, muchos la trataron como si fuera una fulana. El hombre que besaba al aya la miraba con llamaradas en los ojos y le pedía besos, los chicos de la calle la miraban igual, la cogían por un brazo y querían llevársela no sé a dónde. Aquellos recuerdos de la niñez huyeron, pero la cólera que despertaron no se desvaneció con ellos. Además, su mal humor aumentaba al notar que estaba pasando un cuarto de hora de rebelión. Creía vivir sacrificada a deberes que se había impuesto.

ANA   ¡Qué vida tan estúpida!

NARRADORA/(DOÑA PAULA)

Tras ese cuarto de hora de rebelión que la desesperaba, y la hacía sentir cardos en el alma, su opinión cambiaba y consideraba esos deberes impuestos como poética misión.

ANA   La monotonía, la insulsez de esta existencia es aparente porque mis días están ocupados por grandes cosas. Este sacrificio, esta lucha es más grande que cualquier aventura del mundo. Pero, si yo tuviera un hijo...

ahora, aquí. (Ana *se sintió mal.*) ¡Petra!
¡Quintanar! ¡Ayuda!

Narradora/(Doña Paula)
Petra corrió desde la cocina sin esperar órdenes.

Don Víctor   ¿Qué tienes, hija mía?

Ana   Mis manos están heladas... mi cabeza.

Don Víctor   No pienses en ello que ya sabes que es lo mejor.

Ana   Sí, tienes razón. Acércate, háblame...

Narradora/(Doña Paula)
Don Víctor le da un beso en la frente.

Ana   Te quiero. Eres tan bueno conmigo.

Don Víctor   ¿Ves? ya lloras; buena señal. La tormenta de nervios se deshace en agua; está conjurado el ataque, verás como no sigue.

Narradora/(Doña Paula)
Con la tila Anita acabó de serenarse.

Ana   Sí, ya me siento mejor. Bebe un poco de tila.

Don Víctor   Que no, hija mía; que te juro...

Ana   Que sí, que sí ¿No tienes frío?

DON VÍCTOR   ¿Frío yo?

ANA   Anda, bebe ¿ Quintanar, no quisieras tener un hijo?

DON VÍCTOR   Sí, claro, con mil amores.

NARRADORA/(DOÑA PAULA)
              Él se inclinó para besarle la frente y ella recibió en los labios el beso.

DON VÍCTOR   Hablaremos mañana. Ahora debes ir a tu cuarto y acostarte. Tienes que dormir.

ANA   Sí, no te preocupes. Ahora iré.

DON VÍCTOR   ¡Buenas noches, tórtola mía! (Inicia el mutis. A PETRA.) Avísame, Petra, cuando llegue mi amigo Frígilis.

ANA   (Al público.) A mi esposo le debo la dignidad y la independencia de mi vida. Bien merece mi sacrificio. Tal vez fue providencial aquella aventura de la barca de Trébol porque gracias a esa calumnia, aprendí a guardar las apariencias, aprendí que para el mundo no hay más virtud que la aparente.

NARRADORA/(DOÑA PAULA)
              Entonces, ya más serena y animada, su alma se regocijó contemplando en su imaginación el respeto, la admiración que como virtuosa y bella se le tributaba en Vetusta, donde

decir la Regenta era decir la perfecta casada. Bueno, ya no veía Anita la estúpida existencia de antes. Sabía que su hermosura se adoraba en silencio, que tal vez muchos la amaban, pero nadie se lo decía sabía también que se ocultaba a sí misma la pasión que sentía por Álvaro Mesía, una pasión que era un crimen.

DON VÍCTOR   (*Fuera con* FRÍGILIS.) ¡Pobrecita! ¡Cuán ajena estará, allá en su tranquilo sueño, de que su esposo la engaña y sale de casa dos horas antes de lo que ella piensa para ir a cazar contigo!

FRÍGILIS   Anda, anda, vámonos que es tarde.

NARRADORA/(DOÑA PAULA)
   Murmuró. No había amanecido.

Escena 2

En casa de Don Fermín, Doña Paula *le entrega una carta y él duda si abrirla...*

Doña Paula   ¿Qué te quiere esa señora?

Don Fermín   No sé; aún no he abierto su carta. (*Se guarda con disimulo la carta.*) Adiós, madre. Voy a felicitar al señor de Carraspique.

Doña Paula   ¿Tan temprano?

Don Fermín   Sí, porque después se llena aquello de visitas y tengo que hablarle a solas.

Doña Paula   ¿No la lees?

Don Fermín   ¿Qué he de leer?

Doña Paula   Esa carta.

Don Fermín   Luego, en la calle; no será urgente.

Doña Paula   Por si acaso, léela aquí por si tienes que contestar enseguida o dejar algún recado, ¿no comprendes?

(Don Fermín *hace un gesto de indiferencia y lee la carta.* Ana *Ozores la recita.*)

ANA   Mi querido amigo: hoy no he podido ir a comulgar porque necesito verle antes. Quiero confesarme otra vez. No piense que son mis escrúpulos habituales de los que le he hablado y que tanto daño me causan. Creo que me ha dado la absolución sin que yo le haya confesado todas mis faltas. Si usted fuera tan amable que consintiera en oírme esta tarde un momento, se lo agradecería de corazón. Su hija espiritual y afectísima amiga. Ana Ozores de Quintanar.

DOÑA PAULA   ¡Jesús, qué carta!

DON FERMÍN   ¿Qué tiene?

DOÑA PAULA   ¿Te parece bien ese modo de escribir al confesor? ¿No dices que la Regenta es tan discreta? Esa carta es de una tonta o de una loca.

DON FERMÍN   No es loca ni tonta, madre. Es que no sabe de estas cosas todavía... Me escribe como a un amigo cualquiera.

DOÑA PAULA   Vamos, es una pagana que quiere convertirse. (*Pausa.*) Ayer tarde no fuiste a ver al señor de Ronzal.

DON FERMÍN	Se me pasó la hora de la cita. Era la primera vez que confesaba conmigo y mi deber era atenderla.
DOÑA PAULA	Ya lo sé; estuviste dos horas en el confesionario, y el señor de Ronzal se cansó de esperar.
DON FERMÍN	Pero, madre, tiempo hay.
DOÑA PAULA	Tu deber es cumplir con la gente que te puede ayudar a ser obispo y cardenal. ¡Lo demás es perder el tiempo! Y todo porque a don Cayetano se le ha antojado encajarte esa herencia.
DON FERMÍN	¿Qué herencia? ¿Qué herencia?
DOÑA PAULA	Esa señora, la de la carta, que por lo visto cree que mi hijo no tiene más que hacer que verla a ella.
DON FERMÍN	Madre, es usted injusta.
DOÑA PAULA	Fermo, yo sé bien lo que me digo. Tú eres demasiado bueno. Te endiosas y no ves ni entiendes. Anoche, algunos del cabildo hicieron comidilla en la tertulia de doña Visitación, que si la confesata había durado más de dos horas o no había durado más de dos horas…

DON FERMÍN   ¿Ya murmuran? Infames.

DOÑA PAULA   Sí, ya, ya. Y por eso hablo yo: porque esas cosas, con el tiempo ¿Te acuerdas de la brigadiera? ¿Te acuerdas de lo que me dio que hacer aquella miserable calumnia por ser tú noble y confiadote? Fermo, te lo he dicho mil veces; No basta la virtud, es necesario aparentarla.

DON FERMÍN   Yo desprecio la calumnia, madre.

DOÑA PAULA   Yo no, hijo.

DON FERMÍN   ¿No ve usted cómo a pesar de sus chismes yo los domino a todos?

DOÑA PAULA   Hasta ahora. Pero son muchos los que murmuran contra ti. Y si su ilustrísima, el obispo da otra vez en la manía de que pueden decir verdad los que te calumnian, estás perdido.

DON FERMÍN   Su ilustrísima no se mueve sin orden mía.

DOÑA PAULA   No te fíes, es porque te cree infalible; pero el día que le hagan ver tus escándalos...

DON FERMÍN   ¿Cómo ha de ver eso, madre?

DOÑA PAULA   Bueno, ya me entiendes; creerlos, como si los viera; ese día estamos perdidos; el obispo será un tigre y de la catedral a la cárcel.

DON FERMÍN   Madre, está usted exaltada..., ve visiones.

DOÑA PAULA   No quiero más cartitas. No quiero conversaciones tan largas en la catedral. Si quiere buenos consejos, que vaya a misa a es-
cuchar tus sermones.

DON FERMÍN   Pero ¿qué pueden decir esos miserables del
cabildo? ¿Y en una tertulia de señoras?
¿Cómo entiende esta gente el respeto a las
cosas sagradas?

DOÑA PAULA   Fermo, tú eres un papanatas; el mundo está
perdido: por eso todos piensan mal y por
eso hay que andar con cien ojos. ¿No sabes
que de nosotros dicen mil perrerías? Que
hay muchos que se pasan la vida desacre-
ditándote; que si entramos en la catedral
desnudos y ahora somos los primeros ac-
cionistas del Banco; si tú cobras esto y lo
otro; si el obispo es un títere en nuestras manos; si vendemos cera, si vendemos aras, si
tú hiciste cambiar las de todas las parroquias
del obispado para que te compraran a ti las
nuevas; si don Santos, se arruina en su ne-
gocio de objetos de iglesia por culpa nuestra y no del aguardiente; si...

DON FERMÍN   ¡Basta, madre, basta, por dios!

DOÑA PAULA   Y para colmo tus amoríos, tus abusos de con-
sejero espiritual. Según ellos, tú tienes fana-
tizada a media ciudad; las de Carraspique se

han metido a monjas por culpa tuya, y una de ellas se está muriendo tísica por culpa tuya también, como si tú fueras la humedad y la inmundicia de aquella pocilga; tú tienes la culpa de que no se case la de Páez, la primera millonaria de Vetusta, que no encuentra novio que le agrade por culpa tuya.

Don Fermín   Madre...

Doña Paula   ¿Qué más? Hasta les parece mal que enseñes la doctrina a las niñas de la Santa Obra del Catecismo...

Don Fermín   ¡Miserables!

Doña Paula   Sí, miserables; pero van siendo muchos miserables, y el día menos pensado nos tumban.

Don Fermín   Eso no, madre (*Perdiendo el aplomo.*) ¡Eso no, madre! Yo los tengo a todos debajo del zapato, y los aplasto el día que quiera. Soy el más fuerte. Ellos, todos, sin dejar uno, son unos estúpidos; ni mala intención saben tener.

(Doña Paula *sonrió.*)

Doña Paula   Pero el único flanco que podemos presentarles es este, Fermo; bien lo sabes; acuérdate de la otra vez.

Don Fermín   Aquella era una... mujer perdida.

Doña Paula   Pero te engañó ¿verdad?

Don Fermín   No, madre; no me engañó; ¿qué sabe usted? De eso hace ya tiempo. Tengo treinta y cinco años.

(*Le clava la mirada.*)

Doña Paula   La Regenta, la Regenta. Dicen que es una señora incapaz de pecar, pero ¿quién lo sabe? También dicen que don Álvaro Mesía quiere enamorarla, como a tantas otras. Sabes que es tu enemigo.

Don Fermín   ¿Mi enemigo?

Doña Paula   Tu enemigo. Don Álvaro Mesía goza del prestigio de ser un don Juan por lo que cuenta con el aprecio de las mujeres de grandes hombres de la ciudad y a veces con el de sus maridos. Te disputa el dominio de Vetusta porque Vetusta necesita siempre un amo ¿No cabría la posibilidad de que Alvarito y la Regenta llegaran a entenderse?

Don Fermín   ¡Imaginaciones tuyas! ¡Basta, madre!

Doña Paula   ¿Y si te tendieran una trampa?

Don Fermín   ¡Adiós, madre!

Doña Paula   Recuerda que todo me lo debes a mí

Don Fermín   Sí, madre. Pero a pesar de sus advertencias, creo en la virtud de la Regenta. Si me conociera como soy de verdad ¿Quién debería temer a quién?

Doña Paula   ¡Quítate esos escrúpulos que no conducen más que a la pobreza y a la aldea!

Don Fermín   Diga lo que diga, Ana es un ángel. Y si usted...

(Doña Paula *lo mira con tanta autoridad que* Don Fermín *se calla y sale.*)

Narrador/(Don Álvaro Mesía)
Todo por su hijo; por ganar para pagarle la carrera; lo quería teólogo, nada de misa y olla. Había hecho cosas imposibles, por él. Como cuando regentaba aquella inmunda y bestial taberna en la que ella estaba para barrer hacia la calle todo el lodo que entraba cada día por la puerta. A ella la manchaba, pero a él no; él allá dentro con dios y con los santos, bebiendo en los libros de la ciencia que le habían de hacer un señor; y su madre allá fuera, entre blasfemias y aullidos de borrachos y jugadores manejando inmundicia entre la que iba recogiendo ochavo a ochavo el porvenir de su hijo; el de ella también, pues estaba segura de que llegaría a ser una señora. Luego hubo otras vidas, pero su consigna fue siempre la misma. Todo por su hijo.

Escena 3

La Regenta en el campo. Tarde-noche recordando la confesión magistral en otro plano.

ANA   Cuando le dije a mi nuevo confesor, don Fermín, que en la adolescencia había tenido antojos místicos, que quise entrar en un convento... y que mis tías y todas las amigas de Vetusta me habían hecho despreciar aquella vanidad piadosa, el magistral, bien me acuerdo... zumba todavía en mis oídos aquella voz dulce que salía en pedazos, como por tamiz, por los cuadradillos de la celosía del confesionario...

DON FERMÍN   Hija mía, ni aquellos anhelos constantes de buscar a Dios antes de conocerlo, eran auténtica piedad, ni los desdenes con que después fueron maltratados tuvieron pizca de prudencia.

ANA   Pizca había dicho, estoy segura. Y fluían palabras dulces, nuevas, llenas de alegría celestial. Había abierto mi corazón delante de aquel agujero con varillas atravesadas. También yo había dicho muchas palabras que no había usado nunca hablando con los demás. Le conté toda mi vida... la soledad, la sombra en la que he vivido siempre, que Vetusta era mi cárcel, un mar de hielo que me tenía sujeta... que, a pesar de mis tristezas, en mi imaginación tengo alas y vuelo por los tejados.

Don Fermín   Esa historia de tus tristezas, de tus ensueños, de tus aprensiones merece que yo medite mucho. Piensa que no debes acudir aquí sólo a pedir la absolución de tus pecados; aquí se viene a sanarse por dentro y a recuperar la alegría de vivir. Y confesar no solo consiste en recitar los pecados como una letanía, sino en confiar tu conciencia más íntima a tu confesor.

Ana   Nunca me habían enseñado la religión como un sentimiento que consuela; Yo aspiraba a la virtud...

Don Fermín   La virtud es la belleza del alma.

Ana   ¡Cuántas más lecciones me ha prometido el magistral para otro día! ¡Cuántas cosas nuevas iba a saber y a sentir! ¡Y qué dicha tener un hermano mayor del alma...

Don Fermín   ...con quien las penas se desahogan, los anhelos se comunican y las dudas se desvanecen.

ANA   De los pecados se había hablado poco; tengo pensamientos voluptuosos por las noches, dije, y no sé cómo evitarlos. De eso hablaremos más adelante, dijo el magistral, necesitaba conocer primero a la mujer. *(Sale de su ensoñación.)* ¡Petra!

PETRA   *(Llega desordenada como tras un revolcón.)* ¿Qué pasa?

ANA   Se ha hecho tarde. ¿Dónde estabas?

PETRA   Fui a ver a mi primo, el del molino.

(ANA *la mira descubriendo y envidiando su erotismo. Echan a correr... Aparece* ÁLVARO *Mesía en el camino.)*

Escena 4

Casino. Grupo de hombres en silueta a través de las ventanas.

HOMBRE 1   Pero, vamos a ver ¿quién le ha asegurado a usted que el magistral tardó más de dos horas en confesar a la Regenta?

HOMBRE 2   Me lo ha dicho quien vio por sus ojos a doña Anita entrar en la capilla de don Fermín y salir dos horas después ¿Qué le habrá contado a de Pas?

HOMBRE 1   ¡Hombre, hombre!

HOMBRE 3   Pues yo sé más que todos ustedes. Me lo ha contado Paquito Vegallana; el arcipreste, el célebre don Cayetano, ha rogado a Anita que cambie de confesor, porque...

HOMBRE 1   ¿Qué sabes tú por qué? ¡El secreto de la confesión!

HOMBRE 3   ¡Bueno, bueno! Yo lo sé de buena tinta. Paquito me lo ha dicho. Mesía le pone varas a la Regenta. Y, señores, yo no digo que la

Regenta tome varas sino que Álvaro Mesía quiere ponérselas, lo cual es muy distinto.

HOMBRE 2   No, no. Hombre..., la Regenta ¡es mucho!

HOMBRE 1   ¿Y qué tiene que ver eso de las varas que Mesía quiere poner a la Regenta con el magistral y la confesión?

HOMBRE 3   Pues tiene mucho que ver; porque el arcipreste ha pedido auxilio al otro; quiere dejarle la carga de la conciencia de la otra.

HOMBRE 1   Muchacho, muchacho, que te resbalas.

HOMBRE 3   Anita es muy cavilosa y tal vez haya notado las miradas del otro y querrá curarse en salud... y el arcipreste no está para casos de conciencia complicados y el magistral sabe mucho de eso.

HOMBRE 2   Y esa ilustre y virtuosísima dama, huyendo de las asechanzas de un galán, ...»

HOMBRE 3   Que es Mesía ...

HOMBRE 1   Pues miente quien tal diga. Y ese señor don Juan Tenorio puede llamar a otra puerta, que la Regenta es una fortaleza inexpugnable. Y en cuanto al que trae tales cuentos a un establecimiento público...

HOMBRE 3   El casino no es un establecimiento público. Y se habla entre amigos, en confianza.
Y eso de don Juan Tenorio vaya a decírse-
lo a Mesía.

HOMBRE 1   Ni Mesía ni san Mesía me asustan a mí. Ya
está viejo, no digo que allá en sus verdores,
cuando las costumbres estaban perdidas,
gracias a la… revolución y a su constitución;
la Gloriosa… pero hoy por hoy, en el actual
momento histórico, la moralidad de nuestras familias es el mejor escudo.

HOMBRE 2   Vamos, que usted, en estos tiempos de moralidad…

HOMBRE 1   Ni yo ni nadie; créanme ustedes. En Vetusta la vida no tiene incentivos para el vi-
cio. No digo que todo sea virtud, pero fal-
tan las ocasiones. Y la sana influencia del
clero, sobre todo del clero catedral, hace
mucho. Tenemos un obispo que es un santo, un magistral…

HOMBRE 2   Hombre, el magistral… no me venga usted
a mí con cuentos… Si yo hablara… Además,
todos ustedes saben… que don Fermín es
el azote de la provincia, tiene embobado al
obispo y metido al clero en un puño. Se ha
hecho millonario en los cinco o seis años
que lleva de magistral en la catedral. Eso,
por no hablar del confesionario…

ÁLVARO   El señor magistral no es un místico que di-
                gamos, pero no creo que se aproveche de su
                poder en el confesionario.

HOMBRE 3   Sus pecados capitales son la ambición y la
                avaricia, por lo demás, es un sabio.

HOMBRE 1   Señores, el señor magistral es una persona
                muy digna por todos los conceptos.

HOMBRE 3   Díjolo Blas.

HOMBRE 1   Lo digo yo.

HOMBRE 3   Como si lo dijera el gato...

                (*Van saliendo* VEGALLANA *y* ÁLVARO *del casino.*)

ÁLVARO   ¿A dónde vamos?

VEGALLANA   Tengo que recoger a don Víctor Quintanar
                para ir al teatro. Puede que te interese acom-
                pañarme y puede ser que la veamos allí.

ÁLVARO   ¿A quién?

VEGALLANA   ¡Bah! A Anita.

ÁLVARO   Muchacho, ¡qué ingenuidad!, pero ¿quién
                te ha dicho a ti...?

VEGALLANA   Estos.

ÁLVARO   ¿Qué has visto? No puede ser. Yo estoy se-
              guro de no haber sido indiscreto.

VEGALLANA   Estoy seguro yo... Y más; estoy seguro de
              que le gustas tú.

ÁLVARO   Imposible. Es la mujer más decente que he
              conocido en mi vida. ¿Qué has visto tú... en
              ella?

VEGALLANA   ¡Hola, hola! Parece que pica.

ÁLVARO   ¡Ya lo creo! ¿Y dónde creerás que pica?

              (VEGALLANA *se vuelve para mirar a* ÁLVARO
              y señala el corazón con ademán jocoserio.
              ¡Puf!, hace con los labios.)

VEGALLANA   ¿Lo dudas?

ÁLVARO   Lo niego.

VEGALLANA   No seas tonto. ¿Tú no crees en la posibili-
              dad de enamorarse?

ÁLVARO   Yo me enamoro muy fácilmente...

VEGALLANA   No me refiero a eso. ¿Te pones colorado?

ÁLVARO   Sí; me da vergüenza, ¿qué quieres? Esto
              debe de ser la vejez.

VEGALLANA   No puedo creerlo.

ÁLVARO   Ella…, no estoy seguro de que sepa que me gusta. Me preocupa que don Fermín pueda desbaratar mis planes porque ahora es su confesor.

VEGALLANA   Por eso no te preocupes. Yo te ayudaré en tu empresa. Pero, en la diputación, el Partido Liberal que con tanta autoridad lideras, ejercerá una oposición blanda contra mi partido. Conservadores y liberales de la mano. Al fin y al cabo, yo soy el cacique honorario y tú el cacique en funciones.

ÁLVARO   De acuerdo. Una oposición blanda. Se dan la mano.

NARRADOR/(DON VÍCTOR QUINTANAR)
              Para lo que servía aquel supersticioso respeto que inspiraba a Vetusta la virtud de la Regenta era para aguijonearle el deseo, para hacerle empeñarse más y más, para que fuese poco menos que verdad aquello del enamoramiento que le estaba contando a su amiguito. Él era ante todo un hombre político que aprovechaba el amor y otras pasiones para el medro personal. Antes conquistaba por conquistar, ahora, por algo y para algo.

              (*Llegan a la casa de* ANA *Ozores.*)

ANA   ¡Cuánto bueno por esta casa!

VEGALLANA — Yo venía a buscar a tu marido y Álvaro me ha acompañado para saludarte.

ÁLVARO — Solo quería interesarme por tu salud, Ana.

ANA — Hoy estoy de buen humor. (*A* VEGALLANA.) Quintanar te está esperando en su despacho.

VEGALLANA — Con vuestro permiso...

(*Sale de escena.*)

ÁLVARO — Debes de aburrirte mucho en Vetusta.

ANA — Sí, a veces me aburro. Además, aquí llueve todo el año.

ÁLVARO — Y aunque no llueva, apenas sales de casa.

ANA — (*Coqueta.*) Será que no te fijas en mí. Salgo bastante.

ÁLVARO — (*Sugerente.*) No lo creo. Porque allá donde vayas llamas la atención, aún del más distraído.

(*Entra* DON VÍCTOR.)

DON VÍCTOR — (*Contento.*) ¡Álvaro! Mi querido Álvaro ¿A qué se debe tu visita?

ÁLVARO — Acompañaba al marqués a verte y a interesarme por Ana. Ya veo que está bien. La verdad es que tu mujer es una santa. Amigo Víctor, tienes una joya en casa.

DON VÍCTOR   Sí, que lo es, ¡para qué voy a negártelo!

ANA   ¡Qué aduladores sois los dos!

ÁLVARO   Solo decimos la verdad.

DON VÍCTOR   ¿Vienes al teatro, Álvaro?

ÁLVARO   Por supuesto, iré encantado.

DON VÍCTOR   Anita, esta noche podrías acompañarnos. Lo pasarías bien.

ANA   ¿Qué ponen?

DON VÍCTOR   La vida es sueño, que es el portento de los portentos del teatro.

ÁLVARO   (A ANA.) ¿Por qué no te vienes con nosotros y sales un poco?

ANA   Me encantaría… pero no me siento tan bien como para ir al teatro.

DON VÍCTOR   Son solo tus aprensiones.

ANA   Id vosotros y divertíos.

ÁLVARO   (Jugando.) Nos divertiríamos más si nos acompañaras.

ANA   (*Amable, pero cauta.*) Otro día que me encuentre mejor.

DON VÍCTOR   Como quieras, Anita. Pero es una pena que no disfrutes de los mejores versos de nuestro teatro del Siglo de Oro. Procura descansar. (*Le da un beso en la frente.*) No me esperes levantada. ¿Vamos, señores?

(*Salen* ÁLVARO, VEGALLANA y DON VÍCTOR.)

ANA   (*Al público.*) Yo me moría de hastío. Tenía veintisiete años y la juventud huía; veintisiete años de mujer eran la puerta de la vejez y no había gozado una sola vez esas delicias del amor de que hablaban todos. El amor es lo único que vale la pena vivir, había oído y leído muchas veces. Pero, ¿qué amor? ¿Dónde estaba ese amor? ¿Por qué me estaba prohibido?

NARRADOR/(DOÑA PAULA)
       Ella no lo conocía. Y recordaba entre avergonzada y furiosa que su luna de miel había sido una excitación inútil; la primera noche, al despertar en su lecho de esposa, sintió junto a ella los ronquidos de un señor regente de la audiencia, un magistrado; no entendía por qué, ya que estaba allí dentro en su cama el señor Quintanar, no estaba vestido con su levita y su pantalón.. ¡Lo que aquello era y lo que podía haber sido...!

(*Entra* DON VÍCTOR.)

DON VÍCTOR   Pero ¿qué haces despierta a estas horas? ¡Ana! ¡Qué función te has perdido! Un Segismundo extraordinario, que emociona y conmueve. Simplemente, magistral…

ANA   (*Con ansiedad.*) Los nervios de siempre.

DON VÍCTOR   Necesitas una vida sana, hacer ejercicio, distracciones y paseos. Parece que todo te aburre. Meses enteros sin querer ir al teatro. Dice Frígilis que no eres feliz.

ANA   ¿Y qué sabe él?

DON VÍCTOR   Es mi mejor amigo y te conoce bien. Recuerda que fue él quien nos presentó cuando tú apenas tenías diecinueve años y yo había llegado a Vetusta a ocupar la plaza de regente de la audiencia.

ANA   Sí, claro que lo recuerdo… ¿Pero por qué dice que no soy feliz?

DON VÍCTOR   No lo sé. Pero empiezo a pensar que tiene razón.

ANA   Pues sí, algo de razón tiene. Es que tú no sabes darme lo que necesito.

DON VÍCTOR   (*Desconcertado.*) ¿Y qué necesitas, si puede saberse?

ANA   (*En un arranque de sinceridad.*) Al principio te esforzabas en satisfacerme. Pero ahora… ¿Desde cuándo no me acaricias, desde cuándo no duermes conmigo? ¿Por qué me miras así, Quintanar?

DON VÍCTOR   Te miro con tristeza. Otra vez te han vuelto los nervios. Por eso dices esas tonterías. Pero esto lo vamos a solucionar. Desde mañana harás una vida nueva. Y si me apuras, te envío a Paco Vegallana o al mismísimo Mesía, que te enamoren.

ANA   Yo no quiero estar con Mesía, yo quiero estar contigo. (*Acariciándolo.*) Soy tuya, Quintanar, bésame, ven a mi habitación, que vamos a disfrutar como al principio, vamos, no seas soso…

(*De pronto* DON VÍCTOR *se suelta y se separa.*)

DON VÍCTOR   Tus crisis no se solucionan así. A partir de ahora te vendrás al teatro dos veces a la semana, mañana mismo iremos a casa de los marqueses de Vegallana y lo haremos siempre que podamos, y las tardes que haga bueno saldremos a pasear por el Espolón. Y también me acompañarás a las reuniones del casino y haremos excursiones al campo con los amigos. (*No ve a* ANA.) ¿Ana? ¿No me has oído? ¡Ana! ¡Anita!

(*Sale en su busca.*)

Escena 5

En el salón de la casa de los Vegallana. Al día siguiente. Don Cayetanoo, Vegallana, Álvaro, Visita y Don Víctor.

Don Cayetano Sepan que don Fermín es un gran madrugador y un hombre sabio y estudioso. Por las mañanas estudia filosofía y teología, lee revistas científicas de los jesuitas y escribe sus propios sermones.

Vegallana *(Irónico y en homenaje a Valle Inclán.)* ¡Cráneo privilegiado!

Don Cayetano Menos guasa, que pronto lo veremos de obispo.

Don Víctor Mientras que sepa ayudar a Anita a quitarle esas aprensiones y sus crisis de nervios, lo demás me parece bien en nuestro magistral.

Álvaro ¿Es cierto que amasa una importante fortuna?

Don Cayetano Difamaciones. Don Fermín viste con elegancia, hasta con lujo, pero conserva mucho tiempo la ropa, la cuida, la cepilla bien y eso hace que parezca que tiene lo que no tiene.

ÁLVARO   No sé qué responderle, don Cayetano, pero cuando el río suena…

DON CAYETANO   Este río lleva agua cristalina.

ÁLVARO   Dicen en el casino que la ambición y la avaricia son los pecados capitales del magistral.

VEGALLANA   Nadie duda de su codicia.

DON CAYETANO   ¿Ha visto alguien a la criada del magistral comprar salmón y besugo?

VEGALLANA   Sí, señor. Hay quien lo afirma.

DON CAYETANO   Eso ocurre solo cuando están muy baratos los pescados.

VEGALLANA   Se habla también de las casas que compra don Fermín por los pueblos y de las fincas que ha adquirido su madre…

DON VÍCTOR   (*Conciliador.*) Y qué importa si tiene o no tiene para que ayude a Anita.

ÁLVARO   Querido Quintanar, pones en manos del magistral la salud espiritual y corporal de tu esposa. Por eso claro que importa.

DON CAYETANO   Pues digo que Anita estará en buenas manos si lo mantiene como confesor. ¡Y basta ya de discusiones!

(*Entran* DON FERMÍN y ANA.)

ÁLVARO   (*Cínico.*) ¡Ah, señor magistral, qué satisfacción!

DON FERMÍN   Álvaro, don Víctor, Marqués... He podido descargarme de alguna de mis múltiples tareas para pasar un rato con ustedes.

DON CAYETANO   Como ya ha llegado don Fermín, me van a permitir que me retire. Disfruten de su comida y valoren al magistral como se merece.

DON FERMÍN   Vaya con Dios, don Cayetano.

(DON CAYETANO *sale.*)

ANA   Es una alegría disfrutar de la compañía de don Fermín. (*A* DON FERMÍN) Se vende usted muy caro.

ÁLVARO   (*Con segundas.*) Es usted el sacerdote más elegante de la ciudad.

DON FERMÍN   No exageres, amigo Álvaro.

DON VÍCTOR   Me alegra que don Fermín coma con nosotros, porque de este modo se le quitará a Anita la idea de ir a confesar esta tarde. (*A* Ana.) Si al magistral le parece bien, confesarás en el jardín después de comer. O lo dejas para mañana.

Don Fermín   (*A* Ana.) Esta tarde alegría y paseo por el campo. Y mañana temprano te atiendo en confesión.

Ana   Pero usted no tiene costumbre de ir temprano a la catedral.

Don Fermín   No importa. Procura divertirte. Es muy posible que tus angustias tengan mucho de nerviosas y también puedan curarse con una vida más entretenida.

Don Víctor   ¿Lo ves, Anita? El magistral piensa exactamente igual que yo. En verdad, don Fermín, que voy a creer, como asegura don Cayetano, que es usted un hombre verdaderamente sabio. Es lo mejor. Hoy diversión y mañana confesión. ¡Menudo ripio!

Ana   Quintanar, no empieces con tus comedias y tus versos, que acabarás cansando a los amigos.

Don Víctor   Tranquila, que no recitaré nada.

Vegallana   Señores, a comer.

Don Víctor   (*Recita.*)
                  Yo a nada tengo pavor
                  tú eres el más ofendido
                  más si quieres te convido
                  a cenar, Comendador...

                  (*Salen todos con* Vegallana menos Álva-
                  ro y Visita.)

Álvaro   (*En aparte a* Visita.) Este imbécil acaba-
                  rá echando a su mujer en los brazos del
                  curita.

Visita   Tú has caído esta vez de veras.

Alvaro   Yo caer. Por dios, Visitación. Es un capri-
                  cho fuerte azuzado por las dificultades.
                  Quiero conquistarla, sí. ¿Por qué no?

Visita   ¿Has visto cómo te mira? Está enamora-
                  da de ti. Pero te va a costar tu trabajo... por-
                  que ese magistral sabe mucho de teología
                  parda, Alvarito.

                  (*Mutis de* Álvaro.)

Narradora/(Doña Paula)
                  Admiraba a su amiguita, elogiaba su
                  hermosura y su virtud; pero la hermosura
                  la molestaba como a todas, y la virtud la
                  volvía loca. Quería ver aquel armiño en
                  el lodo. Le aburría tanta alabanza. Toda

Vetusta diciendo: «¡la Regenta, la Regenta es inexpugnable!» Al cabo llegaba a cansar aquella canción eterna.

DON FERMÍN

Me había propuesto no acompañarles esa tarde al Vivero, porque había aceptado el convite por debilidad y no quería más debilidades. Luego me pesó no haberlo hecho y esperé su regreso hasta altas horas de la noche. Don Álvaro y Ana llegaron cantando en el primer coche. Estaban borrachos. Se la quieren echar en los brazos, pensé. ¡Bah! El borracho debo ser yo. No faltaba más, siempre he sido dueño de mí y ahora había de empezar a ser un majadero. ¿Qué hago aquí? ¿Qué me importa todo esto? Si ella es como todas, mañana lo sabré.

Escena 6

A continuación. Por la noche. En casa de DON
FERMÍN.

DON FERMÍN   Buenas noches, madre. ¿Le duele la cabeza?

DOÑA PAULA   Me ha dolido. Te traeré la cena.

DON FERMÍN   No tengo apetito.

DOÑA PAULA   ¿Estás malo?

DON FERMÍN   No, eso no.

DOÑA PAULA   Te traigo la cena y la tomas más tarde.

DON FERMÍN   He dicho que no ceno.. Dile a Teresina que re-
coja la mesa. ¿Por qué no llamas a Teresina?

DOÑA PAULA   No tiene cuerpo para nada, la pobre.

DON FERMÍN   ¿Por qué?

DOÑA PAULA   ¿Por qué? Hoy ha ido tres veces a la catedral; una, a casa de don Cayetano; otra, a
casa de Carraspique; otra, a casa de los Páez,
y dos a las Paulinas.

DON FERMÍN   ¿Y a qué ha ido?

DOÑA PAULA   A buscarte, Fermo, a eso ha ido.

DON FERMÍN   Mal hecho, madre. Yo no soy un chiquillo para que se me busque de casa en casa.

DOÑA PAULA   Ella no tiene la culpa. Si está mal, ríñeme a mí.

DON FERMÍN   Un hijo no riñe a su madre.

DOÑA PAULA   Pero la mata a disgustos y la compromete. Compromete la casa, la posición... Y todo por una…. ¿Dónde has comido?

DON FERMÍN   En la casa de los Vegallana. Se empeñaron. No me quedó otro remedio. Y no mandé recado, porque me parecía ridículo.

DOÑA PAULA   ¿Quiénes más comieron allí?

DON FERMÍN   ¡Qué sé yo!... Cincuenta.

DOÑA PAULA   ¡Basta, Fermo, basta de disimulos! Has ido a buscar a esa mujer. Has comido a su lado y has paseado con ella por el jardín, te ha visto toda Vetusta, y luego has venido con ella en el coche y te has apeado en el Espolón. Ya tenemos otra brigadiera. Parece que necesitas el escándalo, quieres perdernos.

DON FERMÍN   ¡Madre, madre!

DOÑA PAULA	¡No hay madre que valga! ¿Te has acordado de tu madre en todo el día? ¿No me has dejado comer sola o, mejor dicho, no comer? ¿Y qué has hecho hasta las diez de la noche?
DON FERMÍN	Ya no soy un niño.
DOÑA PAULA	No, no eres un niño. A ti no te duele que tu madre se consuma de impaciencia. Pero tú no eres un niño. Tu madre es un perro que te da su sangre, se condena por ti... pero tú no eres un niño y das tu sangre y tu salvación... por una mujerzuela.
DON FERMÍN	¡Madre!
DOÑA PAULA	¡Por una mala mujer!
DON FERMÍN	¡No digas eso!
DOÑA PAULA	¡Mil veces peor que las prostitutas, que esas cobran, pero las señoronas deshacen en un mes lo que yo he conseguido en veinte años! Fermo ¡Eres un ingrato!
DON FERMÍN	¡Cálmese! Nunca la he visto así. Todo son calumnias. ¡Qué señoronas! No hay nada de eso. Le juro que no hay nada.
DOÑA PAULA	No tienes corazón, Fermo, no tienes corazón ¿Qué has hecho hasta las diez? Seguro que ronronear junto a esa lagartona.

Don Fermín   Por dios, señora. Esto es indigno de usted. Está insultando a una mujer honrada y virtuosa. No he hablado con ella más de tres veces. Es una santa.

Doña Paula   Una santa como las otras.

Don Fermín   Si la oyeran…

Doña Paula   Ta, ta, ta Si me oyeran, me callaría. Mira, Fermo, que te conozco. Yo soy la madre que te parió. Pero de estas cosas, de esas porquerías, no quiero hablar. Bastante he callado con lo que he visto.

Don Fermín   No ha visto nada.

Doña Paula   Tienes razón..., no he visto pero he comprendido y ya ves... Ahora parece que te complaces en que te vean y tomas el peor camino.

Don Fermín   Es absurdo que hablemos, aunque sea en clave, de ciertas cosas.

Doña Paula   Lo de hoy ha sido un escándalo.

Don Fermín   Le juro que no hay nada; que esto no tiene que ver con las calumnias de antaño.

Doña Paula   Peor que peor Fermo que el obispo se entere y que crea todo eso que ya dicen.

DON FERMÍN   ¿Que ya dicen? ¿En dos días?

DOÑA PAULA   Sí, en dos; en medio..., en una hora ¿No ves que te tienen ganas y que llueve sobre mojado? ¿Hace dos días? Pues ellos dirán que hace dos meses, dos años, lo que quieran. Acuérdate de la brigadiera.

DON FERMÍN   ¡Qué brigadiera, madre, qué brigadiera! Si yo le explicara...

DOÑA PAULA   Todo lo comprendo, todo lo sé. ¿No te ha ido bien dejándote guiar por tu madre?

DON FERMÍN   Sí, madre, sí.

DOÑA PAULA   ¿Te saqué yo de la pobreza o no?

DON FERMÍN   Sí, madre del alma.

DOÑA PAULA   (DON FERMÍN *calla.*) Quiero que sigas creyendo en mí. Tú predicas, tú alucinas al mundo con tus buenas palabras y buenas formas... y yo sigo mi juego. Si siempre ha sido así ¿por qué te me escapas?

DON FERMÍN   Yo no me escapo.

DOÑA PAULA   ¿Vas a hacerme caso y a poner distancia con la Regenta? Por un rato de placer, no eches a perder lo que ahora tienes.

                       (*Mutis de* DOÑA PAULA.)

Escena 7

En casa de ANA, *día de todos los Santos.*

ANA Todos los años, al oír las campanas doblar tristemente este día de los Santos, siento una angustia nerviosa. Aborrezco estas costumbres tradicionales, repetidas sin fe ni entusiasmo.

VISITA ¿Te están volviendo tus crisis de nervios?

ANA Los nervios o lo que sea. Esta tristeza ambiente que no tiene grandeza y que habla del aburrimiento de los vivos y no del respeto a los muertos, se me pone sobre el corazón, y me causa un hastío eterno.

VISITA Deberías hacer más caso a Quintanar y salir a menudo. Te encierras en casa y...

ANA Sabía que no me entenderías. Todo me provoca un tedio insoportable.

VISITA Todo menos las conversaciones con Álvaro Mesía.

ANA ¡Qué barbaridades se te ocurren, Visita!

VISITA	Mujer, te brillan los ojos en su presencia.
ANA	Tonterías. No te voy a seguir el juego.
VISITA	Está bien. Pero dime que no te enciende Álvaro cada vez que lo ves… (ANA *baja la mirada.*) ¿No respondes? Eso es…
ANA	Eso es que estoy casada con Quintanar y le voy a ser fiel hasta el fin de mis días.
VISITA	Pues no sabes lo que te pierdes. Dicen que Mesía es un amante experto, que sabe satisfacer a una mujer como ningún otro hombre en Vetusta. Si lo sabré yo…
ANA	¿Qué me estás queriendo decir?
VISITA	Que somos jóvenes y tenemos que divertirnos. Vive el momento. Carpe diem.
ANA	(*Altiva.*) No me mueven los placeres de la carne como a ti.
VISITA	No puedo creerme que, no teniendo relaciones con Víctor, no sientas de vez en cuando el deseo de estar con un hombre y besarlo y sentirlo tuyo y gozar del placer amoroso.
ANA	(*Insegura.*) Me llenas de inseguridades y miedos.

VISITA   (*Asertiva.*) No amas a Quintanar.

ANA   (*Con tristeza.*) Pero lo respeto.

VISITA   La verdad es que te envidio, Ana.

ANA   ¿A mi?

VISITA   Vives con toda clase de lujos, cuidada por un marido nada celoso, que no tiene inconveniente en traer a tu casa un día sí y otro también a los dos hombres más atractivos de Vetusta, a los dos rivales que se disputan tu amor.

ANA   ¿Dos hombres dices?

VISITA   Álvaro y el cura.

ANA   ¿Qué tiene que ver don Fermín con esos amores carnales de los que me hablas?

VISITA   ¿Te haces la tonta o lo eres? El magistral ha puesto los ojos en ti. Es difícil que se le escape una presa....

ANA   (*Sincera.*) Don Fermín solo quiere ayudarme en mis inquietudes espirituales. Quiere ayudarme a sanar el alma.

VISITA   No seas ingenua, Ana. Por el amor de dios, obsérvalo y te darás cuenta de cuánta razón tengo.

(*Entra* ÁLVARO MESÍA.)

ÁLVARO   Buenas tardes, preciosas damas. ¿No está
           Quintanar?

ANA   Estará a punto de llegar.

           (ÁLVARO *hace intención de salir.*)

VISITA   ¡Álvaro! (ÁLVARO *se detiene.*) Espéralo con
           nosotras.

ÁLVARO   Si no os molesto…

ANA   Por favor, Álvaro, siéntate. Tu compañía
           siempre es grata.

ÁLVARO   (*Sentándose.*) Muchas gracias, Ana.

VISITA   Sí, quédate y si me disculpáis, debo irme.
           Otras ocupaciones me reclaman.(*En apar-
           te, a* ANA.) ¿Lo ves? Está loquito por ti.

ANA   (*En confidencia.*) ¡Calla, por dios!

ÁLVARO   ¿Qué cuchicheáis?

VISITA   Cosas nuestras. (*A* ANA.) Ya sabes cuál es
           tu medicina para las crisis. (*A* ÁLVARO.) Y tú,
           Álvaro, échale una mano a Víctor para ani-
           marla un poco. Disculpadme. Nos vemos
           pronto.

NARRADORA/(VISITA)   (*Al público.*)

Nunca se le había ocurrido que aquel espectáculo de Mesía al acecho fuera fuente
de placeres intensos; sentía la garganta apre-
tada, la boca seca, candelillas en los ojos,
fuego en las mejillas.

(*Sale* VISITA *riendo.*)

ÁLVARO   ¿Cómo? ¿Estás triste?

ANA   Sí... no. No me gusta ir al cementerio a vi-
sitar la tumba de mi padre un día como hoy.

ÁLVARO   Puedo comprenderlo. Mejor visitarla otro día.

ANA   (*A* ÁLVARO.) Sé que no soy alguien sociable.
No me llaman la atención las diversiones
que interesan a todos. Veo las cosas de forma diferente a los demás.

ÁLVARO   (*Amable.*) Ana, se puede ser diferente a los
demás, pero no es malo que busques la for-
ma de divertirte. Fíjate en Visita. Siempre
está alegre y no tiene tu talento.

ANA   Es cierto. Visita siempre está de buen humor. ¿De verdad piensas que tengo talento, Álvaro?

ÁLVARO   (*Seductor.*) Por supuesto. Y te mereces ser
feliz.

Ana	¿Recuerdas una tarde hace años cuando te marchabas de Vetusta y yo regresaba a casa de paseo con mis tías por la carretera de Castilla? ¡Qué tontería! ¡Cómo vas a recordarlo!
Álvaro	(*Más seductor.*) ¿Tú lo recuerdas?
Ana	Nunca lo he olvidado. Te miré hasta que el coche desapareció.
Álvaro	Eras una cría y ya destacabas por tu hermosura.
Ana	(*Rindiéndose.*) Y tú eras el hombre más apuesto de Vetusta. Con el permiso de Quintanar. De niña ya te admiraba. Y ahora eres el mejor amigo de mi marido.
Don Víctor	(*Entrando.*) No puedo negarlo. Álvaro es el hombre más apuesto de Vetusta, si exceptuamos al magistral, que a elegancia le ganan pocos. Y es mi gran amigo.
Álvaro	¿Cómo estás, Víctor? Espero no haber llegado demasiado pronto.
Don Víctor	Nada de eso. No sabes lo que me alegra ver a Anita tan animada. Está claro que charlar con los amigos y salir de tu aislamiento es tu mejor medicina. (*A* Álvaro.) Entonces, ¿vamos por fin al teatro?

ÁLVARO   ¡Cómo me voy a perder el Tenorio! (*A* ANA.)
          Y tú podrías hacernos el honor de acom-
          pañarnos por una vez. Seguro que hoy po-
          drías hacer una excepción. (*Seductor.*) No
          digas que no, Ana, por favor te lo pido.

ANA   Esperadme fuera, no tardo. (*Salen* ÁLVARO
          y DON VÍCTOR, *recitando: No es verdad, án-*
          gel de amor… ANA, *al público.*) Desde la no-
          che que los acompañé al teatro, no dejé de
          pensar que era absurdo que la vida pasase
          como una muerte, que el amor era un de-
          recho de la juventud, que Vetusta era un lo-
          dazal de vulgaridades, que mi marido era
          una especie de tutor muy respetable, a quien
          yo sólo debía la honra del cuerpo, no el fon-
          do de mi espíritu, que aquello que Quin-
          tanar llamaba los nervios era el fondo de mi
          ser, lo más mío, lo que yo era, aquello de
          lo que no tenía que darle cuenta.

          (*Sale.*)

Escena 8

Entra PETRA.

ANA   Mucho he dormido ¿por qué no me has despertado antes?

PETRA   Como la señorita pasó mala noche...

ANA   ¿Mala noche?... ¿yo?

PETRA   Sí, hablaba alto, soñaba a gritos...

ANA   ¿Yo?

PETRA   Sí, alguna pesadilla.

ANA   ¿Y tú... me has oído?

PETRA   Sí, señora, no me había dormido todavía.

ANA   ¿Yo he hablado alto?

PETRA   Sí. Vine a ver si quería algo... y creí que era una pesadilla... pero no me atreví a despertarla...

ANA   ¡Una pesadilla!... No recuerdo...

PETRA   No, pesadilla mala... no sería... porque
               sonreía la señora...

ANA   Y... ¿qué decía?

PETRA   ¡Oh... qué decía! No se entendía bien... pa-
               labras sueltas... nombres...

ANA   ¿Nombres? ¿Qué nombres?

PETRA   Llamaba la señora... al amo.

ANA   ¿Al amo?

PETRA   Sí... sí, señora... decía: ¡Víctor! ¡Víctor!

ANA   (*Dándose cuenta del engaño.*) ¿Víctor? Yo
               siempre le llamo Quintanar.

PETRA   Ay, no lo sé... No me confunda. Mire. (*Con
               un sobre en la mano.*) Han traído esto para
               usted.

ANA   ¿Una carta? ¿De quién?

PETRA   De don Fermín debe de ser porque la tra-
               jo su criada.

               (PETRA *sale.* ANA *lee.* DON FERMÍN *pronuncia
               el texto de la carta.*)

DON FERMÍN   Amiga mía: mañana por la tarde me tendrás
               en la capilla de cinco a cinco y media. No

necesitarás esperar, porque serás la única persona que confiese. Tu atento amigo y servidor, Fermín de Pas.

ANA   Mi respetado padre espiritual: ¡Cuánto le agradezco su gentileza conmigo al reservarme su tiempo para mi confesión! Pero lamento comunicarle que me encuentro muy débil y padezco una terrible jaqueca desde hace dos días. Le ruego me disculpe. Ana Ozores.

ANA   ¡Petra! Llévala a casa del magistral.

PETRA   Lo que yo me temía, a pares; los tiene a pares; uno diablo y otro santo. ¡Así en la tierra como en el cielo!

Escena 9

Ese día por la tarde en el jardín de la casa de ANA *Ozores.*

DON FERMÍN ¡Qué hermosa tarde! Parece de septiembre.

ANA No durará mucho el buen tiempo, luego se caerá el cielo hecho agua sobre Vetusta...

DON FERMÍN Me alegra que estés recuperada de tu jaqueca.

ANA Recuperada no... me hace mucho bien estar al aire, dar un paseo, por eso estaba ...

DON FERMÍN Claro que sí. Quería decirte, y por eso he venido, además de querer saber cómo seguías, que, no creo conveniente que confieses por la mañana.

ANA ¿Por qué razón?

DON FERMÍN A tu marido no le gusta que frecuentes la iglesia y menos que madrugues para ello y además, como yo no suelo confesar a esas horas, levantaría las murmuraciones de mis enemigos.

ANA   ¿Usted tiene enemigos?

DON FERMÍN   Cuenta las estrellas si puedes. El número de
                    mis enemigos es infinito como las estrellas.
                    Lo mejor será que acudas a la hora ordi-
                    naria, entre las demás.

ANA   Haré lo que me diga. Le he abierto mi co-
                    razón y de usted espero luz en la oscuridad
                    que tantas veces me rodea...

DON FERMÍN   Pues abusando de ese poder discrecional,
                    voy a permitirme reñirte un poco. Ayer has
                    estado en el teatro. Necesitas distracciones,
                    pero ayer... era un día prohibido.

ANA   La verdad... no creía..., no me pareció...

DON FERMÍN   Es natural. Para ti el teatro siempre será un
                    espectáculo inocente pero la Vetusta devota,
                    con razón o sin ella, lo mira como un es-
                    cándalo. Tu virtud no peligra por esto, pero
                    se ha murmurado que las hijas de confesión
                    del magistral no deben respetarlo cuando
                    asisten al don Juan Tenorio en vez de rezar
                    por los difuntos.

ANA   ¿Se ha hablado de eso?

DON FERMÍN   Hasta en la catedral.

ANA   ¿De modo que he sido imprudente..., que
                    le he puesto en ridículo?

DON FERMÍN   No exageres, hija mía. ¿Ridículo? ¿Impru-
              dente? A mí no pueden ponerme en ridículo
              más actos que aquellos de los que soy res-
              ponsable. Anita, Quizás deberíamos hablar
              a veces fuera de la iglesia. Echo de menos
              las confidencias amistosas. No necesitas solo
              que te corrijan o censuren sino que te ani-
              men, elogiando sinceramente todas las co-
              sas buenas.

ANA   Sí, tiene usted cien veces razón, don Fermín.
              Yo necesito una palabra de amistad y de
              consejo muchos días en los que solo sien-
              to desesperación.

DON FERMÍN   Eso no. Qué palabra. Desesperación. Será
              aburrimiento.

ANA   (*Confía.*) No se ría pero ayer, en el teatro al
              ver a la pobre novicia, Inés, caer en los bra-
              zos de don Juan, sentí lástima de la ena-
              morada y llegué a pensar en Dios. Quiero vo-
              lar, vivir para algo más que para vegetar.
              Siento un amor universal, y sería hipócrita
              decir que el cariño frío y prosaico de Quin-
              tanar basta para colmar mis anhelos.

DON FERMÍN   Todo esto, de puro peligroso, raya en el pe-
              cado.

ANA   Sí, dicho así, como lo he dicho, sí..., pero
              como lo siento, no.

DON FERMÍN   Es que yo lo entiendo como tú lo sientes y es peligroso. No es bueno que al ver a una monja en brazos de un libertino tú te dediques a pensar en Dios. Dios te diría: Hija mía, para acordarte de mí no necesitas que a Zorrilla se le haya ocurrido pintar los amores de una monja y un libertino, ven a mi templo.

ANA   Dígame. ¿Qué puedo hacer para encontrar el camino de la perfección?

DON FERMÍN   Lo que necesitas para calmar esa sed de amor infinito es ser beata. La forma es fondo. Necesitas prácticas devotas y llevar una vida nueva. También es importante leer libros piadosos. Empieza por «La vida de santa Teresa de Jesús». Verás cómo habrá un día en que no necesitas a Zorrilla ni poeta nacido para llorar de ternura y elevarte hasta la idea santa de dios.Caramba. Debe de ser tarde. Charlando, charlando. Ana ¿No cabría la posibilidad de que esos sueños voluptuosos, esas tentaciones de las que me has hablado varias veces fueran con otro hombre y no con tu marido? ¿Prefieres que lo hablemos en la catedral, en confesión?

(ANA *afirma con cabeza.*)

Escena 10

VEGALLANA y ÁLVARO. DON FERMÍN *en otro plano*. ANA *en el medio*.

VEGALLANA Tú no eres el de otras veces...; parece que la temes. Nunca quieres venir conmigo a su casa... y eso que don Víctor nunca está.

ÁLVARO En su casa no se puede adelantar nada. Es una mujer rara..., histérica hay que estudiarla bien. Déjame a mí.

VEGALLANA Está enamorada de ti.

ÁLVARO ¿Cómo puedes estar tan seguro?

VEGALLANA Esas cosas se notan.

ÁLVARO Yo no noto nada.

DON FERMÍN Habla de hacer grandes sacrificios por los demás y se niega a salir de casa, a pisar lodo, a desafiar la lluvia. Esto es humillante para la religión y un jarro de agua fría para mi alma.

VEGALLANA La temes.

ÁLVARO   No quiero precipitarme y actuar antes de tiempo.

DON FERMÍN Sigue hablándome de tentaciones en general y de sueños lascivos, pero no me confiesa amar a un hombre determinado.

ÁLVARO   Está obnubilada por el magistral. Pero te juro que lo voy a vencer.

VEGALLANA   Así te quiero oír, seguro de ti mismo, Álvaro.

DON FERMÍN Debo averiguar con quién sueña. ¿Y si fuera yo?

ÁLVARO   El caso es que, desde la noche de todos los Santos, cuando fuimos a ver «El Tenorio», no he avanzado nada.

DON FERMÍN Esperaba verla presentarse en la capilla, por impulso repentino, porque sí, porque yo lo necesitaba, porque quería hablarle, decirle que yo no era un saco para dejarlo arrimado a la pared.

ÁLVARO   Esta mujer es peor que Troya.

DON FERMÍN (*Al público.*) Para mí que Mesía es el de los sueños.

            (ANA *que ha ido tirando por el suelo las rosas, se desploma en escena.*)

Escena 11

En casa de ANA *Ozores. En escena* VISITA *y* ANA *sentadas.* ANA *se cubre con una manta. La enfermedad de* ANA.

VISITA ¿Te acuerdas cuando a Frígilis le dio por decir que nuestros abuelos eran monos? ¿Te estoy aburriendo?

ANA No, en absoluto. Pero ya has oído al médico, que no me aturda con conversaciones y procure descansar.

VISITA (*Incómoda.*) En eso se equivoca. Seguro que, si no estoy contigo dándote conversación, te pasarías el día dándole vueltas a la cabeza. Lo que es tu marido, poco anda por aquí. Ahí viene.

(*Entran* DON VÍCTOR *y* FRÍGILIS, *con sus escopetas de caza.*)

DON VÍCTOR ¿Cómo se encuentra la enfermita?

VISITA Abatida, ya la ves.

Frígilis	Por eso hemos regresado temprano.
Don Víctor	Estábamos preocupados por ti.
Ana	Visita me ha hecho compañía.
Visita	(*A* Ana.) Como ya ha vuelto tu marido, me voy a casa. Que descanses.

(Visita *hace mutis.*)

Frígilis	¿Se me necesita para algo aquí?
Don Víctor	Puedes irte, Frígilis. Y muchas gracias por todo.
Frígilis	Anita, tu marido es un hermoso ejemplar de hombre inteligente. No le dejes volar. Y ahora me voy. Adiós, tortolitos.

(Frígilis *sale.*)

Don Víctor	Llamaré a Petra para que te lleve a la cama, que yo quiero acostarme. Vengo realmente cansado. Los años no pasan en balde.
Ana	No te acuestes todavía, que estoy muy asustada, quédate aquí un rato.
Don Víctor	Sí, hija, sí, no faltaba más.

(*La mira preocupado.*)

ANA   ¿Crees que estoy peor de lo que dicen?

DON VÍCTOR   No, claro que no.

ANA   Quintanar, dame tu mano. (DON VÍCTOR *le toma la mano.*) Tengo miedo. Siento sudores fríos y extraños temblores. Me da miedo morir. No quiero morirme.

DON VÍCTOR   Tranquila, te vas a poner bien.

ANA   Me siento muy sola, Quintanar. Muy sola.

DON VÍCTOR   Exageras. Siempre te dejo acompañada de Petra y a menudo con Visita.

ANA   No sabes cómo me siento cuando estoy sola. Es como si una culebra me mordiera el corazón

DON VÍCTOR   ¡¡¡Petra, Petra!!!

Escena 12

En escena Álvaro *y* Vegallana. *Mes de mayo.*
En otro plano Don Fermín *leyendo un libro*
a Ana.

ÁLVARO   De Pas no ha dejado de visitarla cada día a
                solas y yo no puedo hablar con ella más que
                en presencia de su criada o de otras visitas.
                Es el primer hombre y con faldas que me
                pone el pie delante ¡Es el primer rival que
                me ha disputado una presa y con trazas de
                llevársela!

VEGALLANA   Sosiégate, Álvaro, que la cólera no es bue-
                na consejera.

ÁLVARO   Tal vez el confesionario sea más poderoso
                que el asedio al que la he sometido duran-
                te meses, intentando inútilmente rendir su
                fortaleza.

VEGALLANA   No son más que suposiciones.

ÁLVARO   Me he hecho amigo de Quintanar y le he
                aguantado con paciencia declamando el tea-
                tro de Calderón, de Lope de Vega, de Tirso

de Molina, de Moreto e incluso el de Ruiz de Alarcón.

VEGALLANA   ¡Qué pesadilla!

ÁLVARO   ¿Una pesadilla dices? ¡El infierno, querido Paco! ¡El infierno!

VEGALLANA   Me hago cargo. Pero baja la voz, no nos vayan a oír.

ÁLVARO   Y todo, ¿para qué? Para que el diablo haga a esa señora caer enferma en cama, tomarle miedo a la muerte, y de amable, sensible y condescendiente –que era el primer paso–, convertirse en arisca, timorata, mística... pero mística de verdad. ¿Y quién me la ha puesto así? El magistral, ¿qué duda cabe? Ese está haciendo allí su agosto; embutiendo aquel cerebro débil de visiones celestes...

VEGALLANA   Lo conseguirás. Eres el gran seductor de esta ciudad.

ÁLVARO   Está entregada a Dios. Esta mujer es imposible. Pero cuando se alimente bien y vuelva a sentir los impulsos sensuales de la naturaleza humana, entonces...

VEGALLANA   Entonces vencerás.

(*Se ponen el sombrero. Salen.*)

Escena 13

En casa de Don Víctor. *Agosto. Tres planos:*
Don Víctor/ Don Fermín y Ana/ Doña Paula y Narrador.

Don Víctor   Vetusta se ha quedado vacía. Como el médico no ha permitido que Anita vaya al mar, se
me hace aburrido y triste un verano entero
aquí. El poder de este hombre en esta casa es
como el de los Jesuitas en el Paraguay. Mi casa
es otro Paraguay. Cada día me siento más incapaz de oponerme a su perniciosa influencia.

Narrador/(Don Cayetano)
El calor de agosto y la amistad de don Fermín terminaron de curar a la Regenta. La
ciudad era de ellos, hubieran deseado que
los ausentes se quedaran por allá.

Doña Paula   Esa pájara santurrona lo tiene ciego y
loco. Todo se lo va a llevar la trampa. Lo mejor que nos podría pasar es que la echaran
de Vetusta porque ella puede derribar todo
lo que hemos construido en estos años

(*Mutis* de Don Fermín. Narrador *le pone a* Ana *capa y velo.*)

Escena 14

En la catedral tras la misa del Gallo. Entra DON FERMÍN. ANA *mirando a* ÁLVARO *se marea un poco.*

DON FERMÍN ¡Ana! ¡Ana! ¿Estás bien?

ANA (*Reponiéndose.*) Sí, sí, don Fermín, ha sido un pequeño mareo. Pero ya estoy bien.

DON FERMÍN ¿Te has divertido o te has aburrido en mi misa del Gallo?

ANA ¿Divertirme en Misa?

DON FERMÍN Quiero decir si te ha gustado lo que he dicho, lo que ha cantado el coro, la música del órgano… Todo eso.

ANA (*Sin saber qué decir.*) Ha estado muy bien. Todo. Sí, todo.

DON FERMÍN Me alegra. Porque yo en noches como estas me siento muy solo.

ANA ¿Solo? No le entiendo.

DON FERMÍN	Mi madre me adora, ya lo sé, pero no es como yo. Procura mi bien por un camino que yo ya no quiero seguir.
ANA	¿Pero por qué se siente usted tan solo? ¿Y los demás?
DON FERMÍN	Los demás no son mi madre. No son nada mío, ¿me entiendes?
ANA	¿Qué le pasa hoy? Usted nunca habla de sí mismo.
DON FERMÍN	¡Para qué! A mí se me calumnia, se me persigue y se me envidia. Me quedo con la paz dulce de la fe, acompañada de almas nobles como la tuya.
ANA	Cuénteme todo, me gustaría ayudarle.
DON FERMÍN	¿Crees que soy perfecto, crees que no hay pasiones debajo de una sotana? Como hombre estoy lleno de defectos e imperfecciones, que procuro corregir con la oración y el sacrificio.
ANA	Cuanto más le escucho más me convenzo de que es usted un alma grande.
DON FERMÍN	Pues a pesar de eso me calumnian y tratan de ponerme en ridículo.
ANA	No permitiré que nadie hable mal de usted.

Don Fermín   Me emociona ver la virtud que brota de tus palabras.

Ana   Soy su hermana espiritual.

Don Fermín   No sabes cuánto te lo agradezco.

Ana   Ojalá regresara pronto el verano.

Don Fermín   ¿Por qué dices eso?

Ana   Porque sus enemigos y calumniadores estarían de veraneo lejos de Vetusta. Y a mí me gusta el verano y no esta humedad y el frío de las Navidades.

Don Fermín   ¿No crees que lo que te proporciona paz en el verano son las ausencias de quienes tratan de confundirte?

Ana   ¿A quiénes se refiere?

Don Fermín   Perdóname el atrevimiento, pero creo que Álvaro Mesía frecuenta en exceso tu casa. Y conociendo su fama, puede ser que su presencia cause tu desasosiego. ¿Es así o no es así? (Ana *vuelve a sentir una especie de mareo.*) ¿Qué es esto? ¿Qué te pasa?

Ana   Nada, un escalofrío, un dolor en el pecho, un temblor, qué sé yo…

Don Fermín   ¿Otro ataque de los tuyos?

ANA   No, el ataque se presenta con otros síntomas. Es frío y humedad. No es nada.

DON FERMÍN   Yo necesito saberlo todo. Vamos, cuéntame.

ANA   (*Resistiéndose.*) Mi marido me espera fuera de la catedral. Mejor otro día.

DON FERMÍN   No, ahora ¿Qué pasa? Por caridad, señora, por compasión, Ana ¿No ves que tiemblo como una hoja verde? Yo no soy un juguete ¿Qué debo temer?

ANA   Se hace tarde.

DON FERMÍN   Ayer ese hombre paseaba borracho a las tres de la madrugada por delante de mi casa con otros del casino. Le gritaban: «¡Álvaro! ¡Álvaro! Aquí vive tu rival». Eso decían, tu rival. La calumnia ha llegado hasta ahí.

ANA   De un momento a otro entrará Quintanar a buscarme.

DON FERMÍN   Sí, señora. Les pesa nuestra amistad y quieren separarnos.

ANA   Aborrezco a todos los que le calumnian. ¡Miserables! Yo estaré a su lado, aunque me lapiden.

                (*Entra* QUINTANAR *y le hace un gesto a* ANA *para que salga. Mutis de* DON FERMÍN.)

Escena 15
Elipsis

> *Entran dos máscaras que bailan. Entran* ÁL-
> VARO *y* DON VÍCTOR. *Entra* ANA.

ÁLVARO   (*A* QUINTANAR.) ¿No bailas con tu esposa?

DON VÍCTOR   No me gusta bailar. Particularmente prefiero los versos de nuestros clásicos: «Be-
lla Beatriz/ mi fe es tan verdadera/ mi amor
tan firme/ mi pasión tan rara/ que aunque
yo no quererte deseara/ contra mi mismo
afecto te quisiera»

ÁLVARO   Así aburrirás a los invitados. Relájate un
poco, Quintanar.

(*Cambio de música.*)

DON VÍCTOR   Anita, ¡a bailar! (ANA *se acerca a bailar con*
DON VÍCTOR.) ¡Álvaro, baila tú con ella.

(*Bailan. Y* ANA *besa a* ÁLVARO.)

Escena 16

Se une a la escena anterior que va desapareciendo.

DON FERMÍN   ¿Qué es esto?

ANA   Creí que me moría…

DON FERMÍN   Lo sé todo.

ANA   ¿Qué es todo?

DON FERMÍN   Lo del baile. ¿Qué pasó, Ana?

ANA   Me emborracharon, qué sé yo….

DON FERMÍN   *(Con voz trémula.)* A mí me han dicho….

ANA   Sí, estuve loca. Una hora… ¿Qué digo una hora? Un siglo… Ayer, hoy, no sé cuándo ¡Quiero salvarme! Quiero volver al dulce y tranquilo verano y a hablar de Dios. Quiero que usted, mi hermano espiritual, me salve, que Teresa de Jesús me ilumine, que Dios me acaricie el alma. Ayúdeme, que me ahogo.

DON FERMÍN   Yo también necesito un alma hermana, pero fiel, no traidora. Cuando me enteré, yo también creí que me moría.

ANA   Por mi culpa, ¿verdad? ¿Por ser yo traidora?

DON FERMÍN   Debes contármelo todo.

ANA   Si no hubo nada… Si me llevaron a la fuerza. No sé por qué cedí.

DON FERMÍN   ¡Quiero los hechos! ¿Qué pasó con Álvaro Mesía?

ANA   Yo no lo amo.

DON FERMÍN   ¿Pero anoche qué hiciste con Álvaro?

ANA   Bailé con él. Me obligó Quintanar.

DON FERMÍN   Disculpas, no, Ana. ¡Eso no es confesar!

ANA   (*Al público.*) No podía decirle que me había enamorado. Reconocérselo significaba enfurecerlo más todavía. (*A* DON FERMÍN.) Me hicieron beber, me sentí mareada, me desmayé y luego me llevaron a mi habitación.

DON FERMÍN   ¿Te desmayaste en sus brazos?

ANA   (*Afirmando con la cabeza.*) Estaba aterrada.

DON FERMÍN   ¡Infame!

ANA   No sabía lo que hacía. Por favor, tenga pie-
               dad de mí.

DON FERMÍN   (*Furioso.*) ¡Calla, ingrata! Me pusiste en ri-
               dículo. Vetusta entera se ríe de mí a carca-
               jadas. Mesía me desprecia y me escupirá
               cuando me vea. ¡Mira que te lo advertí!

ANA   Yo no recuerdo... tal vez...

DON FERMÍN   ¡Infame!

ANA   ¡Fermín... por dios, Fermín!

DON FERMÍN   Silencio... no hay que gritar... no hay que
               hacer aspavientos... yo no me como a na-
               die... ¿A qué ese miedo?... ¿Doy yo espan-
               to, verdad? ¿Por qué? Yo..., ¿qué puedo? Yo,
               ¿quién soy? Yo..., ¿qué mando? Mi poder
               es espiritual... Y tú esta noche no creías en
               Dios...

ANA   Fermín, caridad...

DON FERMÍN   Sin dios. Esto se acabó…

               (*Sale.*)

ANA   (*Al público.*) Me di cuenta entonces de que
               lo que el magistral sentía por mí no era ca-
               ridad cristiana, sino amor, deseo. Aquel se-
               ñor canónigo estaba enamorado como un
               hombre, no con el amor místico que yo me

había figurado. Pero yo no quería ser de ninguno de los dos. A don Fermín le debía gratitud eterna, pero otra cosa sería un absurdo repugnante. Me daba asco. No quería tampoco someterme a la tentación de Álvaro. Mi pasión por él también era repugnante e ilegítima, pero no sacrílega. Si huía de Mesía, podría caer en manos del sacerdote. ¿Sería capaz de huir de los dos y a la vez vencer la soledad que me había causado no tener madre y no tener hijos?

(Elipsis temporal y de acción.)

ANA   Lo abandoné. En los meses que siguieron todo el mundo se puso en contra del magistral, y yo misma. Contigo, virgen santa, siempre contigo; estar con los tristes, esa es la religión eterna, vivir llorando por las penas del mundo, amar entre lágrimas. ¡Qué ingrata he sido con él! Yo le debo mi honra, mi religión. La calumnia le han arrinconado y yo, como el vulgo miserable me pongo a gritar también, crucifícale, crucifícale.

NARRADOR/(DON CAYETANO)
    El Jueves Santo llegó con una noticia que estalló como una bomba y que había de hacer época en los anales de Vetusta.

NARRADOR/VEGALLANA

Sí, no te hagas de cruces, Anita está resuelta a dar este ejemplo a la ciudad y al mundo.

NARRADOR/(DOÑA PAULA)

Pero… Quintanar no lo consentirá.

NARRADOR/(VEGALLANA)

Ya lo ha consentido… a regañadientes, por supuesto.

NARRADOR/(DOÑA PAULA)

Eso no es piedad, no es religión, es locura, simplemente locura. Vestirse de nazarena y darse en espectáculo, tras la urna, descalza. ¿Quién le ha metido eso en la cabeza?

DON VÍCTOR El Paraguay. No, no sé lo que digo. Mi mujer está loca. Cuando creía tenerla dominada, alejada del misticismo y del magistral… zas, la procesión, mi mujer me viene con que va a salir en la procesión del Viernes Santo.

ANA Caminaré vestida de nazarena detrás de Jesús muerto, cerca del magistral que padece también muerte de cruz, calumniado y despreciado por todos. El Viernes Santo no llovió aunque asustada había empezado a desearlo y salí en procesión.

DON VÍCTOR No quiero verla, me hace daño.

ÁLVARO   Ánimo, esto pasará.

DON VÍCTOR   Lo juro, antes que esto prefiero verla en ma-
                nos de un amante. Búscale un amante. Todo
                antes de verla en manos del fanatismo.

ÁLVARO   Sí, amigo mío, antes seducida que fanati-
                zada. Puedes contar con mi firme amistad.

DON VÍCTOR   Ya lo sé, Mesía, ya lo sé.

ANA   Ni un pensamiento de piedad vino en mi
                ayuda en todo el camino. ¿Qué estoy ha-
                ciendo? Me cegó la vanidad, no la piedad.
                Soy una cómica como mi marido. Siento
                vergüenza. Sentí mucha vergüenza. (ANA
                empieza a quitarse la ropa) Luego comprendí
                que había sido un instrumento en manos de
                mi hermano mayor, para su mayor gloria.
                Quintanar me perdonó. No quería volver-
                me loca y acepté cuidarme para sanar lejos
                del bullicio de la ciudad. Me fui alejando
                más y más de Dios y de don Fermín con
                quien aún confesaba a veces, como por cos-
                tumbre y... empecé a recuperarme, con la na-
                turaleza, la compañía de amigos...

Escena 17

Semanas más tarde. ÁLVARO y ANA *en actitud amorosa.*

ÁLVARO   No te pido nada, ni siquiera una respuesta.

ANA   ¿Lloras?

ÁLVARO   (*Llorando.*) Es pura gratitud, porque me estás escuchando. He callado tanto tiempo. Sé que hay mil obstáculos que se oponen a mi felicidad, lo sé, pero solo te pido tu compasión y la dicha de que me dejes hablar, de hacerme oír, de amarte, de que no me tengas por un libertino vulgar y necio.

ANA   (*Al público.*) ¡Estaba llorando aquel hombre... el hombre más hermoso que yo había visto, el compañero de mis sueños, el que debió haberlo sido de mi vida!... (*A* ÁLVARO.) No calles, háblame toda la vida, aunque me sienta caer en un abismo de flores.

ÁLVARO   Ana, te hablaré siempre con palabras de amor.

ANA   A tu lado no hay más que placer y la esperanza de que tu amor me dure eternamente.

Para siempre, Álvaro júramelo. Si no es para siempre, esto es un bochorno, es un crimen infame...

ÁLVARO   (*Muy seductor.*) Mi amor será eterno.

ANA   Si tú me dejaras me volvería loca; tengo miedo a mi cerebro cuando estoy sin ti.

ÁLVARO   (*Tras una pausa.*) Te amo, lo juro, para siempre.

ANA   No me dejes nunca.

ÁLVARO   Nunca. Nos encontraremos todas las noches en tu alcoba.

ANA   Aquí, en mi casa…

ÁLVARO   Confía en mí.

              (ÁLVARO *va a dar el dinero a* PETRA. *En la otra ventana* NARRADOR.)

NARRADOR/(DON VÍCTOR QUINTANAR)
              Don Álvaro comprendía que ya no podía pagar a Petra sus servicios con amor, porque cada día era más urgente economizarlo. Durante meses se había preparado con abstinencia y ejercicio para el ataque decisivo a la fortaleza de la Regenta para el día en que se rindiera y Ana, ahora tan vencida, se entregaba al amor con tal vehemencia, con una

especie de furor que Mesía llamaba para sí, groseramente, hambre atrasada y que le exigía un gran esfuerzo. Lo de economizar fuerzas le tenía maniático. Quería estar a la altura y dudaba.

PETRA Prefiero tus locos juegos de amor a las propinas que me puedas regalar.

ÁLVARO ¿No ambicionas mejorar tu suerte?

PETRA Solo me mueve el deseo. Además, así me burlo de la señora.

ÁLVARO ¿Tanto la aborreces?

PETRA La odio por hipócrita, por guapa y por orgullosa. Y a ti te deseo porque me das placer y a la vez me permites vengarme de doña Ana y de don Víctor.

(ÁLVARO *ríe y sale.* PETRA *se va de la ventana. Cambio de luz que genere elipsis y entra* DON VÍCTOR *serio, solo. Entra* DON ÁLVARO *algo nervioso como temiendo que Quintanar sepa algo.*)

Escena 18

En la casa de ANA *Ozores. Entra* DON VÍCTOR *inquieto. Espera a alguien. Entra* ÁLVARO *muy serio.*

ÁLVARO   Amigo, Víctor ¿Me has mandado llamar?

DON VÍCTOR   (*Silencio. Le señala una silla para sentarse. Mesía se preocupa.*) Por nada del mundo le daría un disgusto a Ana, que es ahora modelo de esposas, ahora la pobrecita coincide con mis gustos en todo. Por aquí, digo, y por aquí se va.

ÁLVARO   Sí, sí.

DON VÍCTOR   Ya no tiene esos nervios ni esas veleidades de santa ni me llena la casa de sotanas. En fin, que es otra. Y la paz que ahora disfruto no quiero perderla. Ahora bien, Petra… Petra creo que quiere comprometerme.

ÁLVARO   ¿Petra? ¿Qué puede hacerte Petra?

DON VÍCTOR   Destruir la paz de esta casa. Temo que quiere dominarnos valiéndose de mi falsa situación. Trata a Ana con altivez, con insolencia;

esto, que es feo de por sí, me asusta porque temo que va a cantarlo todo.

ÁLVARO   ¿Pero qué sucede?

DON VÍCTOR ¿No comprendes que para Ana sería un golpe terrible cualquier revelación de esa ramerilla hipócrita?

ÁLVARO   Habla claro, Víctor, que no te entiendo.

DON VÍCTOR Que Petra y yo en ocasiones... Ya me comprendes...

ÁLVARO   ¿Quieres decir que te has acostado con ella?

DON VÍCTOR ¿Crees que con todo lo que me provocó la hice mía? (ÁLVARO *asiente.*) ¡Pues no, señor! Pásmate. Me faltó constancia y decisión. Y me quedé con la miel en los labios. Siempre me sucede lo mismo. En el momento crítico me falta el valor, estoy por decir que el deseo.

ÁLVARO   ¿Entonces qué temes?

DON VÍCTOR ¿Y si va a la Justicia? Yo, el señor, ella, la criada. Abuso de poder.

ÁLVARO   Por eso no has de preocuparte. Habiendo sido tú regente de la audiencia, el juez archivará el caso. Entre poderosos jamás podría vencer una vulgar criada. Por lo que respecta a tu mujer, eso ya es harina de otro costal.

DON VÍCTOR   Pues eso, que, como se entere Ana, le volverán las crisis nerviosas. Vamos, que se refugiará otra vez en la religión. Y ahí tendríamos de nuevo al magistral.

ÁLVARO   Basta con que eches a Petra de tu casa. Y asunto arreglado.

DON VÍCTOR   ¿Se lo dirías tú en mi nombre? Yo no me atrevo.

ÁLVARO   Déjalo en mis manos.

DON VÍCTOR   En tus manos, sí, pero con discreción, mucha discreción. Y si hay que darle un dinero para que se vaya en silencio, se lo das.

ÁLVARO   (*Recitando.*) Voto al cielo, que pienso que vais teniendo razón.

DON VÍCTOR   (*Recitando.*) Voto al cielo, porque siempre la he tenido yo.

Escena 19

> *En la casa de* DON FERMÍN, PETRA *acaba de llegar agitada.*

DON FERMÍN   ¿Qué pasa?...¡Habla!... ¡habla!... te digo que hables.

PETRA   ¿En confesión?

DON FERMÍN   Que hables.

PETRA   Señor, yo he prometido decirle a usted... todo...

DON FERMÍN   Sí, todo, habla.

PETRA   Pero ahora no sé... no sé si debo...

DON FERMÍN   ¡Déjate de disimulos, habla o te arranco yo las palabras!

PETRA   (*Fingiendo miedo.*) Los he visto juntos con mis propios ojos.

DON FERMÍN   ¿A quiénes?

PETRA   A ellos.

DON FERMÍN   ¿Quiénes son ellos?

PETRA   Doña Ana y don Álvaro, que de día no se
              separa de don Víctor y que por la noche en-
              tra en el cuarto de la señora por el balcón
              y no sale hasta el amanecer.

DON FERMÍN   (Con rabia y dolor.) ¿Estás segura? ¿No te
              equivocas?

PETRA   Los he visto.

DON FERMÍN   (Sufriendo.) ¿No te lo estarás inventando?

PETRA   ¿Yo? ¡Dios me libre!

DON FERMÍN   Está bien. Sigue.

PETRA   Ya son diez noches seguidas las que entra
              en la casa Mesía. Maldito sea.

DON FERMÍN   ¡A ese canalla debería apretarle el cuello y
              enviarlo a los infiernos!... (DON FERMÍN da
              un puñetazo en una mesa.) ¿Y tú qué pien-
              sas hacer ahora?

PETRA   ¿Yo?... dejar aquella casa, señor... ¿qué he
              de hacer? Yo no quiero ayudar con mi si-
              lencio a la vergüenza del amo; remediarlo
              no puedo, pero puedo salir de aquella
              casa.

DON FERMÍN   ¿Y a ti... no te importa el honor de don Víctor? Así agradeces el pan... que comiste tantos años...

PETRA   ¿Y qué puedo hacer por él?

DON FERMÍN   Si te marchas, nada.

PETRA   Me echan.

DON FERMÍN   ¿Tu señor te echa?

PETRA   Sí, mi señor y el señorito Álvaro, que es el que manda allí... porque el amo está ciego, ve por sus ojos; ayer el señorito Álvaro me puso de patitas en la calle. Hoy debo despedirme. Me ofreció colocación en la fonda donde él vive; pero yo prefiero quedarme en la calle...

DON FERMÍN   Vendrás a esta casa, Petra

PETRA   (*Aparentando emoción y llorando de una falsa alegría.*) ¿En serio? (DON FERMÍN *asiente.*) ¿Cómo podré pagarle?

DON FERMÍN   Podrás devolverme el favor. (PETRA *intenta besarlo, pero* DON FERMÍN *la empuja.*) No me refiero a esta clase de favores. Consigue que don Víctor esté de madrugada en su jardín y vea esta noche a Álvaro salir del balcón de la Regenta. Seguro que sabrás cómo hacerlo.

Escena 20

En casa de DON FERMÍN. *Al poco rato de la escena anterior en planos distintos como si* DOÑA PAULA *estuviera en la cabeza de* DON FERMÍN.

DON FERMÍN   Sí, yo soy como un eunuco enamorado, un objeto digno de risa, una cosa repugnante de puro ridícula... Mi mujer, la Regenta, que es mi mujer, me ha engañado, me ha deshonrado, como una cualquiera.

NARRADOR/(DON VÍCTOR QUINTANAR)
Y él, que tenía sed de sangre, ansias de ahogar al infame entre sus brazos, seguro de poder hacerlo, seguro de vencerlo, de reducirlo a cachos, a polvo, a viento; él misérrimo cura, escarnio de hombre disfrazado de anafrodita, él tenía que callar, morderse la lengua, las manos, el alma, todo lo suyo, nada del otro, nada del infame que le escupía en la cara porque él tenía las manos atadas... ¿Quién le tenía sujeto?

(Tira la mesa.)

DON FERMÍN   El mundo entero... Veinte siglos de religión, millones de espíritus ciegos, perezosos, que no ven el absurdo porque no les duele a ellos, que llaman grandeza, abnegación, virtud a lo que es suplicio injusto, bárbaro, necio, y sobre todo cruel... cruel... Cientos de papas, docenas de concilios, miles de pueblos, millones de piedras de catedrales y cruces y conventos... toda la historia, toda la civilización, un mundo de plomo, yace sobre mí. Y ni siquiera lástima me puede tener nadie.

DOÑA PAULA   (*Como si estuviera en sus pensamientos.*) Llora en casa todo lo que quieras, pero fuera de estas paredes disimula, ni una sola queja, que nadie adivine tus sentimientos. ¡Nada de ir corriendo a buscar a los traidores! ¡Nada de ir a matarlos como quieres! No hay más que un deber supremo, el silencio.

(*Sale.*)

DON FERMÍN   Los mato. Y si el mundo me pregunta por qué yo responderé a gritos, desde el púlpito si hace falta: Idiotas, que ¿por qué los mato? Porque olvidé ser con ella tan grosero como con las otras, olvidé que su carne divina era carne humana: mato porque debo, mato porque puedo, porque soy fuerte, porque soy hombre… porque soy fiera. (*Silencio.*) Pero no mato, ni una mano hay que mover, ni un pie fuera de casa. No hay más que un deber supremo; el silencio.

Escena 21

Madrugada del mismo día, PETRA *abre la puerta. Sostiene un tazón de leche en la mano.* DON VÍCTOR *vestido de caza tose.*

PETRA   No haga ruido y tómese este tazón de leche antes de irse de caza. Le he puesto un chorrito de coñac para que entre en calor y no se resfríe.

DON VÍCTOR   Estás en todo, Petra. Gracias. ¿No te parece que es más temprano que otros días?

PETRA   ¡Qué va, señor! Está a punto de amanecer. (*Le pasa el morral y la escopeta.*) Salga ya al jardín, no sea que llegue Frígilis, se impaciente, se ponga a silbar y despierte a la señora.

DON VÍCTOR   Tienes razón, Petra. (*Iniciando el mutis.*) Hasta la noche. (DON VÍCTOR *en el jardín espera la llegada de su amigo. De pronto se oye un sonido. Se alarma y mira a su alrededor. Ve salir del balcón de* ANA *la figura de* ÁLVARO *que cruza el jardín y desaparece del escenario. Se echa la escopeta a la cara.*) ¡Quintanar, que te están engañando en tu propia casa! ¡Vamos, dispara antes de que escape! ¿Dónde está? ¡Se ha escapado! ¡Miserable! ¡Entraré y la mataré a ella! No, necesito meditar... las consecuencias del delito... porque al fin es delito... Son unos infames, han engañado al esposo, al amigo... pero yo voy a ser un asesino, digno de disculpa, todo lo que se quiera, pero asesino. No siento celos, no siento ahora la vergüenza de la deshonra, siento el engaño de la Ana a quien he dado mi honor, mi vida, todo. Ahora veo que mi cariño hacia ella era más hondo de lo que yo mismo creía; ¡Matarla! –eso se dice pronto– ¡pero matarla!... Los cómicos matan en seguida, los poetas también, porque no matan de veras... pero una persona honrada no mata así, de repente, sin morirse de dolor. Ana es como mi hija. Siento mi deshonra como la siente un padre; quiero castigar, pero matar... No, no tendría valor ni hoy ni mañana, ni nunca. El otro sí; Álvaro tiene que morir; pero frente a frente, en duelo. Soy un marido burlado... Todo el mundo es podredumbre; el ser humano, lo más podrido de todo. No sé lo que debo hacer, ni siquiera lo que debo pensar, ni aún lo que debo sentir. ¿Solo cuatro campanadas? ¡Son las cuatro! ¡Y no las siete! ¿Mi reloj adelantado? ¿Quién ha adelantado mi reloj? (*Entiende que ha sido* PETRA.) ¡Ramera vengativa y ruin, también te ajustaré a ti las cuentas!

Escena 22
Elipsis.

> *En la calle, a la entrada de la casa de* ANA
> Ozores. *vienen con escopetas de caza* DON VÍC-
> TOR *y* FRÍGILIS. *Anochecer de ese mismo día.*

FRÍGILIS — Y ahora mucho cuidado. Mira lo que vas a hacer. No puedes entrar en tu casa con la mirada perdida y esa cara tristona de alma en pena.

DON VÍCTOR — ¿Tú no entras?

FRÍGILIS — No, no. Tengo prisa, tengo que hacer.

DON VÍCTOR — ¿Me dejas sólo ahora?

FRÍGILIS — Debes acostarte. Mañana vendré temprano.

DON VÍCTOR — Espera, espera. No sé qué hacer.

FRÍGILIS — Por de pronto, Víctor, prudencia, disimulo, si no quieres exponerte a una desgracia, ya lo sabes.

DON VÍCTOR — Sí, sí, el médico te ha dicho que una emoción fuerte…

FRÍGILIS   Puede matarla. Está enferma… más de lo que crees. Así, como suena.

DON VÍCTOR   Y yo debo entrar, guardar para mí todos estos rencores y disimular, que no sospeche, que no se asuste y se me muera de repente.

FRÍGILIS   Así es.

DON VÍCTOR   Confiesa, Frígilis, que eso se dice mejor que se hace.

FRÍGILIS   Pues ya sabes las consecuencias. La matarás.

DON VÍCTOR   ¿Quién quiere matarla? Yo no quiero eso.

FRÍGILIS   Sí quieres, si le dices que sabes todo. Piénsalo, perdonar es una solución también.

DON VÍCTOR   Perdonar es transigir con la deshonra. Mira Frígilis, tu filosofía no consuela a un hombre en mi situación.

FRÍGILIS   Tu consuelo está en el tiempo y en la reflexión. Hay que tener calma.

DON VÍCTOR   ¿Quién te asegura que no intentará huir con Álvaro?

FRÍGILIS   En cuanto vea que es un cobarde y que la abandona antes que pelear por ella, lo despreciará y volverá a ti, porque te quiere, te quiere mucho.

DON VÍCTOR   Y me vende.

FRÍGILIS   Y te vende. Vale. Si armas una escena de
               amor ultrajado, enseguida hay otra de en-
               tierro.

DON VÍCTOR   Hombre, dices las cosas de un modo.

FRÍGILIS   La verdad. Un drama completo, de los tu-
               yos. Y ahora me voy. Mucho cuidado. Has-
               ta mañana temprano. (*Saliendo.*) Don Álvaro
               puede volver a las andadas y venir esta no-
               che y… si este hombre lo encuentra habrá
               una tragedia. Tengo que advertirle por el
               bien de todos.

               (FRÍGILIS *echa a andar.*)

Escena 23

A continuación de la escena a anterior.

DON VÍCTOR ¡Cómo! ¿Usted? ¿Señor magistral?... A estas horas... ¿Qué pasa? ¿Alguna desgracia?

(DON FERMÍN *pone cara de circunstancias.*)

DON FERMÍN Quisiera satisfacer tu impaciencia pero,
temo no acertar con la clave del asunto que
es espinoso. (*Silencio.*) Comprendo que venir a estas horas... Estás pálido.

DON VÍCTOR Y usted tembloroso.

DON FERMÍN Si conoces la causa de mi visita, podré aho-
rrarme el disgusto de abordar este tema...
(*Silencio.*) Vengo a hablarte de lo que una
persona me comunicó en secreto de confesión y tiene que ver contigo.

DON VÍCTOR Petra... ¿Ha sido Petra? (DON FERMÍN
asiente con la cabeza.) ¿Y esa mujer ha di-
vulgado mi deshonra?

DON FERMÍN Su arrepentimiento la ha llevado a confe-
sármelo.

Don Víctor	O sea, que todo el mundo lo sabe.
Don Fermín	Yo no he dicho que el mundo lo sepa. Yo no soy el mundo: soy un confesor. La infeliz de Petra no comprendió lo que su conducta podría causar. Y a eso vengo yo, a impedirlo, si es tiempo. En nombre del crucificado, don Víctor ¿qué ha sucedido aquí?
Don Víctor	Nada, pero aún estamos a tiempo. Nada, nada, pero habrá sangre. Esa mujer lo ha hecho por venganza no por arrepentimiento. Y ahora el mundo lo sabe. Mísero de mí… Pronto sabrá mi venganza.
Don Fermín	Por desgracia la maledicencia, hace tiempo que…
Don Víctor	Dios mío ¿Qué es esto? ¿El mundo dice? ¿Vetusta entera habla?
Don Fermín	Sí, hace ya meses que se murmuraba que don Álvaro entraba aquí. Después de la desgracia en sí misma, eso es lo peor. Pero aunque comprendo la cólera que debe dominarte, y comprendo y disculpo, hasta cierto punto, tus deseos de venganza, esto lo hago como hombre, porque como sacerdote debo aconsejarte prudencia. La caridad cristiana exige el perdón y el olvido de los agravios.
Don Víctor	He estado ciego hasta anoche, que lo vi salir del balcón de mi esposa con mis propios

ojos. Debí haber disparado mi escopeta cuando saltaba por la tapia de mi jardín.

DON FERMÍN   ¿Qué me puedes decir que yo no comprenda? Perdona a quienes te ofenden y Dios te perdonará tus ofensas.

DON VÍCTOR   En cuanto sea de día daré mis pasos; enviaré padrinos a don Álvaro para retarlo a duelo.

DON FERMÍN   Tengo que irme. (*Saliendo.*) En nombre de Dios te pido, te exijo, que si esta noche sorprendieras algún nuevo atentado, si ese infame que ignora que ahora lo sabes todo volviera esta noche…, no habrá sangre. Evita que ese hombre entre aquí, pero nada de sangre, en nombre de la que vertió por todos el crucificado.

(*Sale.*)

DON VÍCTOR   Es verdad, estúpido, tonto. Ese hombre volverá esta noche. Y por salvarla no pensaba en ello. Por no matarla a ella iba a dejar que otra vez, otra vez…y no pensaba en ello.

(*Entra* ANA.)

ANA   ¿Quién estaba ahí?

DON VÍCTOR   El magistral.

ANA   (*Disimulando sus temores.*) ¿A qué venía...
                    a estas horas?

Don Víctor   ¿A qué? Cosas de política... Eso del obispo
                    y el gobernador... lo de las votaciones que
                    corre prisa... en fin... cosas de política.

Narrador

                    La Regenta no insistió. Se retiró sin acercarse
                    a su marido, que no la buscó tampoco para
                    darle el beso en la frente con que solían des-
                    pedirse todas las noches.

Escena 24

Esa misma noche. Don Víctor *dormido en el jardin, y con la escopeta en la mano.* Frígilis *lo despierta. Esta escena será en algún momento simultánea con la 25 en acciones.*

Don Víctor (*Asustado, apuntando con la escopeta.*) ¿Quién es? ¿Qué pasa?

Frígilis Soy Frígilis.

Don Víctor (*Dándose cuenta.*) Me he quedado dormido.

Frígilis Deberías estar en la cama y no pasando frío a la intemperie. ¿Qué haces?

Don Víctor A la espera del furtivo ladrón de mi honra para dispararle entrando en mi casa.

Frígilis Esta noche no vendrá.

Don Víctor ¿Cómo lo sabes?

Frígilis En el casino decían que estaba preparando las maletas para marcharse a un viaje urgente a Madrid.

Don Víctor   ¿Marcharse? ¿A Madrid?

Frígilis   Parece ser que le han reclamado del Congreso de los Diputados, no sé qué asunto relacionado con Vetusta y el partido Liberal.

Don Víctor   Pues lo seguiré al fin del mundo y lo llamaré cobarde allá donde esté.

Frígilis   Déjate de persecuciones y descansa un poco, no pilles una pulmonía, que mañana volvemos a ir de caza.

Don Víctor   Sí, de caza al fugitivo.

Frígilis   Víctor, por el amor de dios, no insistas.

Don Víctor   Está decidido. Me bato en duelo con él antes de que huya.

Frígilis   No digas disparates.

Don Víctor   Un duelo con pistolas. Y tú serás mi padrino.

Frígilis   No, no, Quintanar. No quiero derramamiento de sangre.

Don Víctor   Y ahora mismo vas a ir a desafiar al burlador en mi nombre.

Frígilis   Que tú eres cazador y tienes una excelente puntería.

DON VÍCTOR   Adviértele que vaya confesado. No tendrá la más mínima oportunidad de salvarse.

FRÍGILIS   La venganza no te quitará el dolor que ahora sientes.

DON VÍCTOR   Pero reparará mi honra. ¿Te parece poco? Su pecado exige una reparación. ¿No te irás a negar? Anda, ve cuanto antes a su posada y dile que mañana a las tres de la tarde lo espero en la entrada del bosque.

FRÍGILIS   ¡Tú y tus comedias!

DON VÍCTOR   Y que se busque padrinos.

FRÍGILIS   ¿Por qué no descansas? Mañana en el campo quizá te conformes con que desaparezca de Vetusta.

DON VÍCTOR   ¡Ni un día se ha de aplazar el duelo! Ya que mi deshonra es pública, que la reparación lo sea. Y además rápida. ¿A qué esperas?

(Se ensambla con la escena 25.)

Escena 25

En el bosque vemos a Don Víctor *y a* Alvaro. Frígilis *y* Vegallana *muestran pistolas
de padrinos.* Frígilis *sopla un silbato.* Alvaro *y* Don Víctor *apuntan el uno sobre el otro.*
Don Víctor *apunta abajo. La bala roza el
pantalón de* Álvaro, *quien tembloroso y antes de que* Don Víctor *pueda volver a dis-
parar lo hace sobre su rival.*

Oscuro.

Escena 26

Salón de la casa de ANA *Ozores*

ANA   Otro día que no viene nadie.

FRÍGILIS   Nadie te quiere mal, pero no se atreven a
          desafiar al qué dirán.

ANA   Eres el único amigo de Quintanar que no
          me ha dado la espalda.

FRÍGILIS   Por tu salud, deberías salir, pasear, volver
          a relacionarte.

ANA   No hay dolor más insoportable que el re-
          mordimiento, Frígilis.

FRÍGILIS   Te he repetido una y mil veces que Víctor
          te había perdonado. Él solo quería dar una
          lección a Mesía. No le disparó a dar. Apun-
          tó a sus piernas y la bala le rozó el panta-
          lón.

ANA   Más razón para sentir una enorme tortura
          espiritual.

FRÍGILIS   Quintanar te perdonó. Perdónate tú también
                y olvida lo sucedido.

ANA   ¿Cómo olvidar lo que hice? ¿Cómo olvi-
                dar que provoqué un duelo en el que mu-
                rió mi marido? Todos los que me adulaban
                y mimaban me han abandonado y me des-
                pellejan.

NARRADOR/(DON VÍCTOR QUINTANAR)
                Vetusta la noble estaba escandalizada, ho-
                rrorizada. Unos a otros, con cara de hipó-
                crita compunción, se ocultaban los buenos
                vetustenses el íntimo placer que les causa-
                ba aquel gran escándalo que era como una
                novela,...

NARRADOR/(DON ÁLVARO MESÍA)
                ...algo que interrumpía la monotonía eter-
                na de la ciudad triste. Pero ostensiblemen-
                te pocos se alegraban de lo ocurrido. ¡Era
                un escándalo! ¡Un adulterio descubierto!
                ¡Un duelo!

NARRADOR/(DOÑA PAULA)
                ¡Un marido, un ex-regente de la audiencia
                muerto de un pistoletazo en la vejiga! En
                Vetusta, ni aún en los días de revolución ha-
                bía habido tiros. No había costado a nadie
                un cartucho la conquista de los derechos
                inalienables del hombre.

NARRADOR/(DON VÍCTOR QUINTANAR)

Aquel tiro de Mesía, del que tenía la culpa la Regenta, rompía la tradición pacífica del crimen silencioso.

NARRADOR/(DOÑA PAULA)

La envidia que hasta allí se había disfrazado de admiración, salió a la calle con toda la amarillez de sus carnes.

FRÍGILIS   Pero...

ANA   Pero este aislamiento me lo he merecido por mis propios pecados.

(Salen NARRADORES.*)*

FRÍGILIS   Nadie se merece semejante castigo.

ANA   No sé qué haría si también te perdiera a ti. Esta mañana he recibido esta carta de Álvaro.

*(*ÁLVARO *dice el contenido de la carta mientras* FRÍGILIS *la lee.)*

ÁLVARO   Mi queridísima y amada Ana: tal vez te preguntarás los motivos de mi silencio durante este tiempo. Quería respetar el dolor y la tristeza que haya podido causarte involuntariamente. Me fui porque el remordimiento me arrastró lejos de ti. Pero el amor me manda volver.

¿Crees que debo volver?¿O es mejor esperar? Mi pasión por ti es una llama inextinguible más cálida que el sol ardiente del verano. En Madrid la vida es una locura. Reuniones en el Congreso de los Diputados, conferencias en el Ateneo, tertulias en los cafés, noches de teatro… y siempre el vacío que me causa tu ausencia. Cuando las víboras lenguaraces del casino hayan olvidado nuestra historia, amor mío, te juro que volveré para buscarte y a hacerte mía de verdad. Tuyo hasta la muerte. Álvaro Mesía.

(FRÍGILIS *le devuelve la carta a* ANA, *quien la rompe en pedazos.*)

ANA   No le voy a contestar. Iré a la catedral. Quiero confesarme y ponerme en paz con Dios.

Escena 27 y última

En la iglesia Don Fermín. Ana *Ozores se dirige a* Don Fermín *que al verla echa a andar.* Ana *da un par de pasos.*

Ana   (*A* Don Fermín.*)* ¡Don Fermín!

(Don Fermín *se detiene, se da la vuelta, la fulmina con la mirada. Da media vuelta. A grandes pasos sale de escena.* Ana *se pone en pie.*)

Fin.

Esta primera edición de *La regenta*,
de Eduardo Galán, terminó de imprimirse
en abril de dos mil veinticuatro,
en Madrid.